Synke Köhler • Kameraübung

Synke Köhler

Kamera übung

Erzählungen

kremayr scheriau

www.kremayr-scheriau.at

MIX
Papier aus verantwortungsvollen Quellen
FSC® C012536

ISBN 978-3-218-01024-5

Gestaltung des Schutzumschlags und der Zwischentitel: Christine Link
unter Verwendung einer Fotografie von Panu Ruangjan/shutterstock.com
Satz und typografische Gestaltung: Ekke Wolf, www.typic.at
Druck und Bindung: Druckerei Theiss GmbH, St. Stefan i. Lavanttal

Inhalt

Nachbild

Es gab eine Zeit vor und nach Pawel. Vor Pawel war Metzelthin ein Dorf am Ende der Straße. Auch wenn die Straße durch das Dorf hindurch und irgendwohin führte, hatte man das Gefühl, als ob die Straße hier aufhörte, in irgendeinem Feld versickerte, oder im Wald hinter dem Feld, oder im See hinter dem Feld und dem Wald. Fahrräder, Autos, Türen blieben unabgeschlossen. Nichts kam weg, nichts kam hin. Es gab keinen Supermarkt, keine Restauration, kein Handynetz. So gut wie kein Handynetz. Auf unserem Grundstück gab es ein winziges Areal, eigentlich gehörte es schon nicht mehr zu unserem Grundstück, aber aufgrund des Handyempfangs hatten wir das Rasenstück adoptiert, dort konnte man, wenn man Glück hatte, kurze Telefonate führen. Wir hatten das ausgetestet, besser gesagt, Reiko hatte das ausgetestet. Er war akribisch Stück für Stück das Grundstück abgelaufen. Zehn Meter vom Haus entfernt, direkt auf der Straßenböschung, hatte er »Mobilfunkempfang!« gebrüllt, in etwa so, als wäre er zuvor tagelang durch die Sahara geirrt und hätte nun eine Oase mit Trinkwasser gefunden.

Wir gewöhnten uns an den schlechten Empfang. In gewisser Weise waren wir froh, zivilisatorisch zurückversetzt und nicht erreichbar zu sein. Wäre der Empfang besser gewesen, hätten wir Pawel nie getroffen. Er wäre da gewesen, aber wir hätten seine Anwesenheit nicht bemerkt.

Reiko hatte seinen allabendlichen Handycheck durchgeführt, er kontrollierte, wer versucht hatte, ihn zu erreichen. Der schlechte Handyempfang gab ihm eine gewisse Machtposition. Auch wenn er auch sonst selbst entscheiden konnte, wen er zurückrief und wen nicht, gab ihm diese Situation den Vorteil, dafür keine Verantwortung tragen zu müssen. Statt uns wie immer detailliert und mit Genugtuung darüber zu informieren, für wen er nicht erreichbar gewesen war, als er aus der »Zone« zurückkam, sagte er diesmal nur:

– Das müsst ihr euch ansehen.

Reiko hatte dieses Dorf aufgetan, das Dorf und dieses viel zu große Haus, das früher ein Stall war, eigentlich immer noch ein Stall ist, aber jetzt Haus heißt. Es war eine von Reikos berühmten Abkürzungen nach einem Gig gewesen. »Ich glaube, hier lang ist kürzer«, hatte er gesagt und dann hatten wir diese Nacht im Auto verbringen müssen, weil keiner von uns eine Karte dabeihatte und wir heillos übermüdet waren. Kurz und gut, diese Abkürzung dauert jetzt schon über zehn Jahre, hat Reikos Ehe zerschlissen und auch sonst Spuren hinterlassen. Aber ich bin noch da. Mir gehört die Hälfte vom Haus und vom Grundstück. Das Grundstück ist auch viel zu groß, Platz für 100 Kühe. »Und zwei Esel«, sagt Reiko. Damit meint er mich und sich. Jedes Jahr im Frühjahr überlegen wir, ob wir auf der Wiese ein zweites Woodstock ausrichten sollen. Verwerfen es dann aber wieder aus Gründen, die jedes Jahr andere sind. In diesem Jahr waren die Apfelbäume noch zu klein. Da wir nicht reagierten, sagte Reiko noch einmal:

– Das müsst ihr euch ansehen. Da sitzt einer.

Weil Reiko nicht lockerließ, Reiko ließ nie locker, und in Metzelthin erwartungsgemäß nicht viel los war, erhoben wir uns, um uns anzusehen, was wir uns ansehen »mussten«. In der Zone, im Handyempfangsgebiet, saß ein etwa 30-jähriger Mann. Im Gras lag sein Fahrrad, und er biss gerade in ein halbes Brot. Neben ihm stand ein ausgewaschener Stoffbeutel mit dem Aufdruck eines Discounters, von dem man nicht glaubte, dass er jemals Stoffbeutel im Angebot gehabt hatte. Das musste Äonen zurückliegen. Der Mann sah nicht besonders ungewöhnlich aus, etwas verlottert vielleicht – hätte aber auch gut Berlin-Style sein können –, er biss in ein halbes Brot, gut, das war etwas übertrieben, aber in gewisser Weise auch wieder stylisch. Wir glaubten, Reiko hatte uns nur hierher gelockt, um uns zu zeigen, dass es tatsächlich auch noch andere Menschen in Metzelthin gab. Jetzt standen wir, mein Freund Carsten und ich, Reiko und Lydia, Reikos zweite Frau, mit Reikos drittem Kind, Shenja, auf dem Arm neben dem Mann und wir kamen uns reichlich bescheuert vor.

– Ah ja, da sitzt einer. Dann ham wir das jetzt auch mal gesehn, sagte Carsten, der gut mit Reiko konnte.

– Weitermachen.

Alle außer Reiko wollten gerade wieder gehen, als er uns ein Zeichen machte. Reiko flüsterte:

– Das ist roher Fisch.

Der Typ, vielleicht war er ein Autonomer, er hatte schulterlange, ungekämmte Haare und seine Sachen stammten wahrscheinlich von Humana, schnitt sich gerade ein Stück aus einem ganzen Fisch mit silbernen Schuppen heraus, der bis eben noch von einer weißen Plastiktüte bedeckt gewesen war, wegen der Fliegen. Der Typ hatte bis jetzt keinerlei Reaktion darauf gezeigt, dass wir hier aufgetaucht waren. Und uns über ihn unterhielten. Er beachtete uns nicht, er aß, als wenn wir nicht vorhanden wären. Also versuchten Reiko und Carsten, mit ihm ein Gespräch anzufangen, auf ihre Art:

– Hey Kumpel, schmeckt's?

– Was ist das? Ist das eine Plötze? Ist die roh?

Sie gingen näher an ihn heran und beugten sich inspizierend von oben über das kleine Gelage und hätten wahrscheinlich, wenn sie einen Stock gehabt hätten, auch darin herumgestochert wie in einem Ameisenhaufen.

– Der isst rohen Fisch.

– Das heißt Carpaccio. Unser Freund ist ein Feinschmecker.

– Plötzen-Carpaccio.

Der Typ hielt jetzt seine rechte Hand, in der sich ein dunkel angelaufenes Silbermesser mit einer abgerundeten Schneide befand, schützend über seinen rohen Fisch, als wollten wir ihm diesen wegnehmen.

– Schon gut, Kumpel, iss ma.

– Wie heißt du? Hast du einen Namen?

Carsten sprach überdeutlich und laut. Als Antwort kam ein:

– Nümmnummnümm.

Was aber auch Kaugeräusche sein konnten.

– Der sagt nichts. Hab' ich schon versucht.

Reiko und Carsten standen noch eine Weile um den seltsamen Typen herum, während wir wieder zurückgingen, zu unseren Fertighütten und unseren Liegestühlen. Da sich die Renovierung des Hauses hinzieht, haben wir zwei Fertighütten aus dem Baumarkt auf die Wiese gestellt. Eine für mich und eine für Reiko.

Ich schaute auf unsere Wiese, auf das hüfthohe Gras. In einem Sommer hatten wir in Hoffnung auf englischen Rasen Schafe gehalten. Aber die dummen Schafe hatten die Köpfe durch die Zaunlatten gesteckt und es dann nicht geschafft, sie wieder zurückzuziehen, und erbärmlich geblökt. Immer wieder war das passiert. Als wenn Nachbars Gras besser wäre. Man hätte die Schafe auch anpflocken können. Aber »auch die Tiere sollen ihre Freiheit haben«, sagt Reiko. Wahrscheinlich war es nur unsere Faulheit, jeden Morgen einen neuen Pflock einzuschlagen. Jedenfalls hatten wir das Experiment aufgegeben, jetzt hatte halt das Gras auch seine Freiheit.

Ich habe mich mit dem Zustand des Hauses angefreundet. Mit den etwas angegangenen Möbeln, Reiko hat da eine Connection, das Haus, oder besser das Erdgeschoss – die zweite Etage wartet noch auf den Trockenbau – ist mit alten Theaterkulissen vollgestellt. Die gelbe Couch beispielsweise ist nur auf der Vorderseite bezogen. Aber wen stört das? Mich nicht. Auch mit dem gemauerten Boden, den wir schon lange rausstemmen wollten, habe ich mich angefreundet, im Winter blühen hier auf den roten Steinen die Phosphate aus, das kommt von der Gülle! Hier kann ich mit gutem Gewissen auf den Boden aschen. Es ist lustig, manchmal, wenn Besuch da ist, wird mir ein Aschenbecher hingeschoben. Ich asche dann ein-, zweimal hinein, dann wieder auf den Boden. Was soll's. Die Besucher sind in der Regel höflich genug, es sind ja unsere Gäste, das zu ignorieren und mir den Ascher kein zweites Mal hinzuschieben.

Carsten und Reiko kamen zurück. Der Typ auf der Böschung war nicht interessant, oder vielleicht nicht gesprächig genug, sich länger mit ihm zu beschäftigen. Es war ein warmer Augusttag und der Abend würde lau werden, auch wenn hier auf dem Land die Nächte kühler sind als in Berlin.

Die Sommerwochenenden verbringen wir in wechselnden Konstellationen in den Fertigholzhütten. Immerhin das Dach des Hauses ist inzwischen fertig. »Und das ist ja mal das Wichtigste«, sagt Reiko. Ein Dach und zwei Wetterfahnen. Eine für mich und eine für Reiko.

Auf dem Dach haben wir eine Solaranlage installiert. Wir wollen autark sein, Selbstversorger. Die Anlage ist allerdings auch viel zu groß, damit könnten wir ganz Metzelthin und die Straßenbeleuchtung bis Berlin mit Strom versorgen.

Dieses Haus ist unser Altenteil, wenn es allerdings in diesem Tempo weitergeht, könnte es knapp werden. In manchen Dingen legt Reiko einen Perfektionismus an den Tag, als müsste er einen Architekturwettbewerb gewinnen. Zum Beispiel musste der Rand der Backsteinfassade im historischen Kreuzristmuster vermauert werden. Das kannten nicht mal die Maurer, und wir mussten es ihnen zeigen, was dazu führte, dass wir die Hälfte selbst gemauert haben. Sieht aber gut aus. Ich und Reiko, wir haben den selben Rhythmus. Kein Stress.

In irgendeiner Weise hatte es der Typ Reiko angetan. Und während wir unsere Liegestühle um den Klapptisch mit dem Abendbrot gruppierten, ging Reiko »mal schaun, ob der noch da ist«. Und tatsächlich: der Typ war noch da. Er saß auf der Böschung und schaute auf unser Grundstück.

– Das ist unsere Zone,

sagte Reiko, obwohl der Typ uns und den Handyempfang in keinster Weise beeinträchtigte und er auch nicht wissen konnte, was Reiko mit dem Wort »Zone« meinte. Reiko hatte keine neuen Anrufe, und die interessierten ihn auch nicht, obwohl er das Handy eine Weile in die Luft hielt.

– Nachher musst du aber nach Hause, Kumpel. Klar?

– Nümmnumnüm.

– Ich nehme das jetzt mal als ein Ja.

Zurück beim Abendbrot malte Reiko sich und uns, während er Rotwein ausschenkte, aus, wie der Typ mit seinem Silberbesteck sein Kind verspeiste. »Nümm-numm-nümm«. Der Name des Dorfes bekam auf einmal eine andere Bedeutung, *metzelt – hin.*

– Unser Freund wartet nur darauf, dass wir schlafen und dann ...

– Der ist doch ganz friedlich.

– Und satt. Unser Freund hat doch grad gegessen.

Reiko und Carsten nannten ihn plötzlich »unser Freund«.

– Kann man sich da sicher sein? Ist er satt?

– Der ist bestimmt weg.

– Nee, der ist nicht weg.

Reiko nahm die halbe Flasche Wein und ein Schinkenbrot. Eine Art Opfergabe in Form von Naturalien. In der Hoffnung, er würde dann darauf verzichten, kleine Kinder zu verspeisen. Der Typ saß immer noch dort, wo er schon vor zwei Stunden gesessen hatte. Er sah auf unser Grundstück, ohne aber Reiko, der ihm entgegenging, in den Fokus zu nehmen. Reiko reichte ihm die Flasche Wein und das Schinkenbrot. Der Typ biss hinein, als wäre er vollkommen ausgehungert. Auch den Wein nahm er mit einem Nicken entgegen, blickte Reiko aber dabei nicht direkt an.

– Du kannst hier nicht bleiben.

– Nümmnummnümm.

Oder auch:

– Nummnümmnümm.

– Nummnumm.

– Verstehst du? Das ist privat.

Natürlich gehörte die Straßenböschung nicht zu unserem Grundstück. Reiko war am Ende mit seinem Latein und kehrte unverrichteter Dinge zurück. Wir machten uns für die Nacht in den Fertighütten bereit. Dabei behielten wir den Typen im Augenwinkel, so wie er uns im Augenwinkel behielt, zumindest sah es aus der Entfernung so aus. Es wurde langsam dämmrig, und die Böschung samt Mann verschwand in der Dunkelheit. Wir konnten nur noch ahnen, dass da jemand war. Reiko ging auf und ab und schlich so weit vor, dass er wieder genau erkennen konnte, ob da jemand saß. Und da saß noch jemand.

– Der muss doch frieren.

– Wir müssen die Polizei rufen.

Reiko nahm sein Telefon, erst jetzt wurde ihm bewusst, dass er dafür auf die Böschung gehen musste.

– Nimm eine Decke mit. Oder lad ihn gleich ein!

rief ihm Carsten mit ironischem Unterton hinterher.

Als Reiko die Böschung hinaufkam, hatte er das Gefühl, als würde der Mann etwas von ihm erwarten, als würde er ihm schon wieder etwas bringen wollen. Und es war auch irgendwie ein trauriger Anblick, so wie der Typ, der kaum über dreißig war, da saß. Vielleicht hatte er kein Zuhause. Aber das ist doch nicht mein Problem. Reiko drückte die 1-1-0 in sein Handy.

– Hier sitzt einer.

– Und?

– Er hat ein Messer.

– Hat er Sie bedroht?

– Das nicht, aber …

– Es liegt also keine Bedrohung vor?

– Verstehen Sie nicht, das ist unheimlich. Ich habe Frau und ein kleines Kind. Können Sie nicht mal jemanden vorbeischicken?

– Die beiden Kollegen sind gerade im Einsatz.

– Sie haben nur zwei Kollegen?

– Ja. Ist die Situation denn gefährlich?

Reiko versuchte noch ein paar Minuten, den Beamten davon zu überzeugen, dass unbedingt jemand hier vorbeikommen und sich des Falles annehmen müsste. Und der Beamte erklärte geduldig, dass niemand da wäre, der sich darum kümmern könne.

Während Reiko telefonierte, saß der Langhaarige immer noch stumm und sah weiter in Richtung unseres Grundstücks, auf dem die Fenster der Hütten und ein paar Solarlampen leuchteten.

– Wenn die Situation sich verschärft, melden Sie sich noch einmal.

Damit und mit dem Hinweis, die Fenster geschlossen zu halten und sich gegebenenfalls zu schützen und zu verteidigen, war für den Beamten das Gespräch beendet.

Daraufhin holte Reiko eine Axt und einen Vorschlaghammer aus dem Keller. Im Keller sammelte Reiko alles, was er gebrauchen konnte, oder dachte, dass er es gebrauchen könnte. Inzwischen gab es zum Beispiel vier verrostete Sensen, zwei Trabifelgen, Berge von Holzstämmen, die irgendwann zu Kaminholz gemacht werden sollten, wenn der Kamin, der in unseren Köpfen schon wohlig knisternde Wärme in kalten Winternächten lieferte, endlich gebaut war; es gab eine erkleckliche Anzahl kaputter Stühle und noch viel mehr unnützen Kram. Aber zumindest die Axt und der Vorschlaghammer kamen jetzt zum Einsatz. Reiko gab Carsten den Vorschlaghammer und nahm selbst die Axt. An diesem Abend wollte keine Stimmung aufkommen, wir hatten die Liegestühle vor Reikos Hütte platziert, um den Angreifer abwehren zu können. Normalerweise tranken wir ein bisschen und Reiko erzählte Anekdoten, die ich inzwischen meistenteils schon kannte. Aber dieser Abend wurde immer wieder unterbrochen von einem:

– Ist er noch da?

Bis es Reiko reichte und er ein zweites Mal die Polizei rief. Der Typ lag inzwischen im Gras und hatte wohl auch schon geschlafen. Nach einem längeren Telefonat hatte Reiko den Polizeihauptmann soweit, dass er die Kollegen so bald wie möglich zu uns schicken würde. Nach einer gefühlten Ewigkeit, die wir in Decken gehüllt und müde vor den Hütten verbracht hatten, es war jetzt gegen 2 Uhr, kam tatsächlich ein Polizeifahrzeug vorgefahren.

Der Typ schlief, oder tat so, als würde er schlafen, und die Beamten mussten ihn rütteln.

– Wir würden gern mal Ihren Ausweis sehen.

Unser Freund setzte sich auf, er rieb sich die Augen, vielleicht auch, weil ihn die Taschenlampen blendeten. Reagierte aber verstört und tat nichts dergleichen. Es schien, als wolle er sich wieder ins Gras legen.

– Ausweis! Passport!

Der Ton war jetzt forscher.

– Er nickt, das erste Zeichen einer Verständigung, die Außerirdischen verstehen uns. Ein Wunder!

Langsam und mühselig wühlte der Typ in seinem Beutel und zum Vorschein kam ein Pass.

– Polski? Pawel?

Er saß da wie ein Häufchen Elend und nickte dem Gras zu.

– Also, Herr Pawel ...

Der Beamte nannte ihn mit Vornamen, weil der Nachname zu schwer auszusprechen war.

– Ich nehme jetzt Ihre Personalien auf. Sie können hier schlafen, aber morgen müssen Sie weiter, ist das klar?

Wieder kamen unverständliche Laute als Antwort. Mit dieser Lösung waren wir nicht ganz einverstanden, aber die Beamten hatten keine Lust, Pawel mit aufs Revier zu nehmen, was sie auch so zum Ausdruck brachten, es gab auch keinen Grund.

– Lassen Sie die arme Sau doch hier schlafen. Mein Gott.

– Gute Nacht. Schlafen Sie gut,

sagte der andere Beamte.

Damit war die Sache für sie erledigt, sie fuhren in die

Dunkelheit davon und ließen uns mit Pawel allein, der sofort nach Verschwinden der Scheinwerfer wieder ins Gras fiel. Uns blieb nichts weiter übrig, als zurück in unsere Hütten zu gehen. An Schlaf war nicht zu denken, wo das Unheil auf der Böschung hockte. Wir schreckten bei jedem kleinen Geräusch hoch, um dann doch wieder leicht einzudämmern.

Der nächste Tag begann, als könne er kein Wässerchen trüben. Blau, mit langen Lichtstrahlen, der Tau glitzerte, während wir gerädert und viel zu früh aus den muffigen Hütten krochen, in denen wir bei geschlossenen Fenstern versucht hatten zu schlafen.

Pawel war ein Tier. Ein wildes Tier. Ein wildes Tier ohne einen Käfig drumherum. So viel war klar. Genauso gut hätte da ein Wolf sitzen können. Es gab ja jetzt wieder Wölfe in Brandenburg. Die Böschung war leer. Aber seine Sachen lagen noch im Gras. Pawel stand vor unseren Fahrrädern, er stand nach vorn gebeugt, ganz dicht. Er betrachtete sie mit einiger Intensität.

– Kumpel, das sind unsere, nur, dass das klar ist.

– Nummm.

Die Sonne stach schon jetzt und bei Tageslicht schien Pawel nicht mehr so bedrohlich. Allerdings hatten Lydia und Reiko ihr Kind mehr im Blick als sonst. Der Tag pegelte sich ein. Die beiden Sonnenschirme wurden aufgespannt. Das Frühstück zog sich in den Mittag. Pawel saß wieder auf der Böschung.

– Wir müssen Pawel noch füttern,

sagte Shenja, als wäre Pawel ein Kaninchen. Es gab

eine kleine Diskussion, ob man Pawel Essen bringen sollte oder nicht. Das könnte für ihn ein Grund sein, zu bleiben. Auf der anderen Seite konnte Hunger ihn noch unberechenbarer machen. Also packten wir ein üppiges Picknick, Saft, Brot, Käse, Wurst, Ei, Obst. Und wieder standen wir fünf neben ihm auf der Böschung und schauten ihm zu, wie er aß. Als wenn es nichts Interessanteres gäbe. Als Erstes nahm Pawel das Ei. Er schälte es sehr akribisch und legte jede einzelne Schale sehr ordentlich auf die Tüte. Nach dem Ei kam das Brot. Eine Scheibe, zwei Scheiben, drei Scheiben. Pawel hörte nicht auf zu essen. Und er machte dabei wieder diese Geräusche. Nümmnummnümmm. Es war faszinierend, was alles in diesen dünnen Mann hineinpasste.

Aus einem unerklärlichen Grund hörte Pawel plötzlich mit dem Kauen auf, und auch mit diesen Geräuschen. Er hielt seinen Kopf leicht schief, als würde er auf etwas lauschen. Er starrte an uns vorbei schräg nach oben und fixierte etwas. Es war, als hätte man in einem Film auf Pause gedrückt. Pawel saß und starrte, in seiner rechten Wange beulte sich noch ein Stück Brot, aber er kaute nicht weiter. Da Pawel nicht aufhörte, nach oben zu starren, drehten auch wir uns und starrten ebenfalls nach oben. Dort war nichts als ein blauer Himmel mit ein paar weißen Plusterwolken. Weil wir zu lange darauf starrten, entstand komplementär ein gelb-graues Nachbild auf unser Netzhaut, als wir uns zurückdrehten. Pawel kaute inzwischen wieder. Seine Hände falteten das Butterbrotpapier sorgfältig über den noch verbliebenen Brotrest. Er packte das Papier, sein rundes Silbermesser, alle restlichen Vorräte und seinen Pullover in den Stoffbeutel.

– Ist er satt?

fragte Reiko.

– Er ist satt!

Reiko und Carsten kriegten sich fast nicht wieder ein. Immer wieder sagten sie und lachten:

– Pawel ist satt! Er ist tatsächlich satt!

Pawel stand auf, hob sein Fahrrad und knotete den Stoffbeutel auf dem Gepäckträger fest. Alle dachten, jetzt würde er sich auf sein Fahrrad schwingen und davonsausen. Aber Pawel schob sein Fahrrad mitten durch uns hindurch. Es war selbstverständlich für ihn, dass wir ihm Platz machten. Vielleicht waren wir auch nicht vorhanden für ihn.

– Er geht. Er geht tatsächlich.

– Tschüss, Pawel.

– Tschüss, Pawel.

Auch Shenja, Reikos Tochter, hob ihren Arm und winkte:

– Tschüss, Pawel.

Irgendwie konnten wir es nicht glauben. Wir wollten uns vergewissern, dass Pawel auch wirklich verschwand und folgten ihm mit einem gewissen Abstand. Pawel schob sein Fahrrad über das Kopfsteinpflaster. Als er auf Höhe der alten Mastbullenanlage war, bog er nach rechts.

– Was macht er dort?

Die Männer verloren sich nur kurz in Spekulationen:

– Er wetzt seine Messer ...

Wir waren zu müde von der letzten Nacht, zu müde für Angst, es war heiß. Wir liefen etwa 300 Meter die staubige Straße hinauf.

Mitten auf der Straße erwischte es uns. Es platterte, es goss aus heiterem Himmel. Ein Wolkenbruch, schlagartig. Ohne Vorwarnung, ohne Donner, ohne Blitz, ohne dunkle Wolken. Wir begriffen urplötzlich, was Pawel dort machte – er stellte sich unter.

Und jetzt begann es auch zu donnern und zu blitzen. Wir rannten über das glitschige Kopfsteinpflaster zurück und waren auf die Haut durchnässt, als wir am Haus ankamen.

– Wo ist denn dieses Gewitter so plötzlich hergekommen?

– Wo ist Pawel hergekommen?

– Wo ist Pawel jetzt hin?

Pawel war weg, und er kam auch nicht wieder, nicht die nächsten Tage und nicht die nächsten Wochen.

Eigentlich hat sich nichts geändert. Das Dorf liegt immer noch am Ende der Straße. Nichts kommt weg, nichts kommt hin. Fast nichts.

Was machst du?

Das runde Gesicht mit Sommersprossen, die spitzbübischen, leicht zusammengekniffenen Augen waren plötzlich aufgetaucht. Aus dem Nichts, wie es schien. Aus dem Schilf gesprungen. Kanter hatte nichts gehört. Was vielleicht am Wind lag oder daran, dass er eigentlich nicht hier war. Kanter schätzte ihn auf acht, neun Jahre. Aber er war sich nicht sicher. Je größer der Abstand, desto schwieriger war das Alter zu schätzen. Der Junge stand da, leicht breitbeinig, und er würde sicher nicht eher gehen, bevor er eine Antwort bekam.

– Ich angle.

Jonas sah sich um. Kanter folgte dem Blick des Jungen. Eine kleine Bucht im Schilf, ein freigetretener Platz. Wiesenbüschel, Erde, einige wenige Reste von nächtlichen Gelagen, die einen kleinen Haufen bildeten, eine zersplitterte Bierflasche, Kippen, eine leere Zigarettenschachtel, leicht aufgeweicht vom Regen oder Tau, ein verschmiertes Marmeladenglas mit Deckel, das lebende Köder enthalten hatte und ein angebrochener, hellgrüner, fast weißer Plastikeimer, der nahe am Wasser lag. Kanter saß auf einem klappbaren Anglersitz. Das war alles, was seine Antwort untermauern konnte. Ein Klappsitz. Gekauft für 17,95 bei Camp. Kanter erwartete jetzt die nächste, scheinbar unausweichliche Frage: Aber du hast gar keine Angel, wie willst du dann angeln? Kanter hatte eine Reihe von Antworten parat, Antworten, die er bisher nie gebraucht hatte, wie: die Angeln lägen noch im Auto – was sogar stimmte – und er wolle nur den Platz testen. Er könnte sagen, in seiner Jackentasche hätte er eine ausklappbare Angel, was schwachsinnig wäre und einen ausufernden, schwachsinnigen Dialog herausforderte. Oder: Er füttere die Fische an und säße hier, damit sie sich an seinen Anblick gewöhnten. Jonas stellte aber keine weitere Frage. Er lief in Denkerpose in der Zwei-Meter-Bucht zweimal vor und zurück. Warf einen Blick auf Kanter, dann nahm er den hellgrünen, angeschlagenen Plastikeimer, stellte ihn verkehrt herum auf die Erde und setzte sich. Er setzte sich dicht ans Wasser, so dass er mit dem Rücken zu Kanter saß, als wäre dieser ihm vollkommen unwichtig. Jonas konnte mit den Füßen das Wasser fast erreichen, er versuchte es, kam aber nicht heran, stellte den Eimer aber auch nicht näher. Er schien sich an das zu erinnern, was er vorgehabt hatte, rückte sich zurecht, um dann in eine nach vorn gebeugte Haltung zu fallen und zu verharren. Er starrte konzentriert auf die Wasseroberfläche. Ab und an zuckte das Wasser. Zwischen dem Schilf stiegen Luftblasen auf. Wenn der Wind kurz nachließ, das Rauschen des Schilfs, konnte man das Glucksen hören. In kürzeren Abständen schielte Jonas nach hinten zu Kanter, um sich zu vergewissern, dass dieser auch genau beobachtete, was er tat.

– Was machst du?

fragte Kanter. Jonas drehte seinen Kopf langsam nach hinten und antwortete mit gespielt versunkener Stimme:

– Ich angle, stör mich nicht.

Kanter nickte fast unmerklich. Er betrachtete den gekrümmten, kleinen Rücken vor ihm. Er wusste nicht mehr, wie lange er schon hierherkam. Er brauchte einen Ort. Einen Ort zum Nachdenken. Wo keiner Fragen stellte. Er hatte sich die Angelausrüstung zugelegt. Hatte sich belesen, im Geschäft fachmännische Fragen gestellt, Geld ausgegeben. Das ihm aber keineswegs vergeudet vorkam. Er hatte eine Weile gebraucht, um diesen Platz zu finden, einen Platz, wo sonst kaum jemand hinkam. Vielleicht bissen die Fische hier nicht gut. Er war jeden Samstag früh aufgebrochen, er konnte sowieso nicht schlafen, hatte seine drei Angeln ausgelegt und dagesessen. So wie jetzt. Als Köder hatte er Mais oder zu Kugeln geformten Brotteig genommen, er hatte den Köder mit Absicht so aufgespießt, dass der Haken ein ganzes Stück heraushing. Was sollte er mit dem Fisch?

Es kam tatsächlich kaum jemand. Und wenn jemand kam, stellte niemand Fragen. Eigentlich, wenn er genau nachdachte, war niemand in dieser Bucht erschienen.

Manchmal kam ihm in der Dämmerung jemand entgegen auf dem schmalen, in das Gras getretenen Weg. Kanter murmelte ein kaum verständliches »Petri Heil« und auch die Antwort war selten deutlicher. Einmal war er müde gewesen, zu müde, um die Angeln auszupacken. Sie lagen in ihren grünen Stoffhüllen stundenlang neben ihm. Als es Zeit war zu gehen, hatte er sie genommen und mit dem Zubehörkasten im Kofferraum verstaut, seitdem lagen sie dort. Nur den Klappsitz nahm er noch mit in die Bucht, das einzige praktische Überbleibsel seiner Angelausrüstung.

Etwas weiter weg hörte man das Geschrei von Kindern, Jonas horchte kurz auf und drehte seinen Kopf, dann machte er mit dem Fuß Striche in die feuchte Erde. Das Geschrei kam von seinen älteren Geschwistern. Er war der Jüngste. Er saß hier, weil die anderen ihn nicht mitspielen ließen. Sie ließen ihn nicht mitspielen, weil er immer stänkerte. Das stimmte. Aber die anderen stänkerten auch. Mit fünf hatte er beschlossen, wenn er nicht ernst genommen wurde, gab es auch keinen Grund, die anderen ernst zu nehmen. Es war kein Geheimnis, dass er nicht geplant gewesen war. Irgendwie zu viel. Marie, Paul und Gerda waren ihm immer voraus. Es gab nur zwei Dinge, die er besser konnte als alle anderen, die anderen ärgern und die anderen zum Lachen bringen. Wobei sich beides nicht unbedingt ausschloss, denn man konnte auch gut über jemanden lachen, indem man ihn ärgerte. Ich bin eine Nervensäge, sagte er manchmal und zappelte beispielsweise vor dem Fernseher, wenn die anderen einen Film schauen wollten. Er war eine Nervensäge. Alle dachten das. Selbst seine Eltern. Er war eben so. Man konnte das nicht ändern. Er war eine Nervensäge, also durfte er auch eine Nervensäge sein, so einfach war das. Die Erwachsenen wieder zu versöhnen war ziemlich einfach, man musste nur geschickt hier und da ein Kompliment fallen lassen und sie charmant anlächeln. »Du bist die schönste Frau im Universum«, »Deine Haare riechen so gut«, »Papa ist der beste Autofahrer aller Zeiten«, »Wenn ich groß bin, möchte ich so sein wie du.« Wenn jemand fragte wieso, musste man nur den Beruf des Erwachsenen einsetzen, »weil du so eine tolle Lehrerin, Putzfrau, Ärztin bist«, »so ein toller Elektriker, Grafiker, Therapeut«. Besonders einfach war auch »schöne Schuhe«, das zog bei Männern und Frauen. Hinter vorgehaltener Hand und um alle Umstehenden zu amüsieren, schob Jonas dann gern hinterher: »Die würde ich gern zur Gartenarbeit anziehen.« Seine Geschwister kannten das Spiel schon zur Genüge und ließen sich nur selten um den Finger wickeln. Allerdings war das auch eine Herausforderung, sich etwas auszudenken, womit er bei ihnen noch punkten konnte.

Kanter sah etwas abgeschabt aus, müde. Er hatte eingefallene Wangen. In der armeegrünen Kutte wirkte er wie ein Obdachloser. Der müsste sich mal rasieren, dachte Jonas. Aber er hatte heute keine Lust, zu provozieren, es war auch keiner da, der darüber lachen konnte. Kanter spürte Jonas' prüfenden Blick und strich sich mit der Hand über die schwarzen Bartstoppeln. Jetzt näherten sich Schritte. Einzelne Stimmen waren zu hören. Das Schilf raschelte. Jonas legte seinen Finger auf den Mund und machte:

– Pssst.

Das Schilf teilte sich und Jonas' drei Geschwister sahen erstaunt auf Kanter, dann auf Jonas, der aufs Wasser starrte, dann wieder zu Kanter. Sie hatten hier niemanden außer ihrem Bruder erwartet.

– Was macht ihr?

Gerda kratzte sich am Bein.

– Wir angeln, seht ihr das nicht?

Jonas starrte weiter auf den Fluss.

– Ihr habt ja gar keine Angel!

– Wir brauchen keine Angel. Die Fische kommen auch so zu uns.

– Ihr fangt die Fische also mit den Händen. Wie viele habt ihr denn so schon gefangen?

Paul machte sich lustig. Aber Jonas antwortete nicht mehr. Er fixierte angestrengt und mit zusammengezogenen Brauen das Wasser. Paul sah jetzt abschätzend zu Kanter. Kanter blickte freundlich zurück.

– Wir angeln auch.

Paul stellte sich ans Wasser und hielt seine Hände so, als würde er eine Angel halten. Marie und Gerda taten es ihm nach. Gerda stapfte im Matsch, so dass ihre Schuhe glucksten. Jonas warf ihr einen missbilligenden

Blick zu. Paul machte jetzt ganz leise einen Angler nach. Er kurbelte, holte die Angelsehne ein, zog an der Angel, als hätte er einen schweren Fisch daran, kurbelte wieder. Die Mädchen hielten sich den Bauch. Paul konnte das wirklich gut. Noch dazu machte er Verrenkungen und streckte die Zunge raus, als wolle er den an der unsichtbaren Angel baumelnden Fisch gleich essen. Sie kicherten. Dann stellte Paul sich wieder ganz ruhig hin und hielt die Angel aus. Marie und Gerda taten es ihm nach. So ging das eine Weile, bis es Marie zu langweilig wurde:

– Ich hab' Hunger.

Sie verschwand im Schilf. Paul folgte ihr.

– Kommst du mit?

Gerda tippte Jonas an die Schulter. Jonas schüttelte den Kopf, ohne sich umzudrehen.

– Wartet, wartet auf mich.

Gerda lief den anderen hinterher. Kanter und Jonas lauschten jeder für sich auf das leiser werdende Geräusch der Schritte, bis nur noch der Wind im Schilf zu hören war und der Fluss. Jonas stützte den Kopf auf die Hände. Auf dem Fluss trieben ein kleiner Zweig und ein paar einzelne Grashalme. Kanter sah auf die Zapfen des Schilfs am anderen Ufer, die schläfrig, wirr hin und her schwankten. An manchen Stellen konnte man die grüne Böschung sehen und dickes, hohes Gras.

Kanter hatte Jonas beinahe vergessen, so bewegungslos war die Bucht, so wie immer, wenn man von der grauen

Jacke absah, die vor ihm hockte, die sich aber so reglos in das Bild einfügte, als wäre sie immer dagewesen.

– Was machst du?

Jonas hatte seine Sitzposition auf dem Eimer gedreht und saß jetzt zu ihm gewandt, ohne dass Kanter es gemerkt hatte. Kanter hatte das Gefühl, diesmal nicht so leicht davon zu kommen. Jonas hatte die Frage klar und deutlich gestellt, ohne Provokation. Kanter blinzelte kurz und versuchte, sich zu erinnern, dann versuchte er, die Erinnerung wieder wegzuwischen.

– Ich warte.

Für einen kurzen Moment schien Jonas zufrieden. War es dann aber doch nicht.

– Auf was? Auf was wartest du?

Kanter holte tief Luft. Langsam, so als würde er jedes Wort kauen, antwortete er.

– Ich warte, dass der Fluss austrocknet.

Jonas sah auf den Fluss, dann auf Kanter, dann auf die Wolken.

– Aber der Fluss trocknet nicht aus.

– Ja.

Es war eine seltsame Antwort und Kanter wusste nicht, warum er das gesagt hatte, und konnte es auch nicht erklären. Wie sollte er Schmerz verständlich machen? Was sollte er sagen? Er hatte kein gebrochenes Bein, keine Blinddarmnarbe.

Durch das Schilf drangen die Rufe:

– Jonas.

– Jonnieiiiiieee,

das war seine Schwester.

– Wir wollen los. Sofort. Ich zähle bis drei.

– Wir fahren jetzt.

Das waren Jonas Eltern. Das Auto startete. Jonas machte keine Anstalten, sich zu bewegen. Kanter sah ihn fragend an.

– Die warten sowieso auf mich. Und wenn nicht, dann müssen sie zurückkommen.

Jonas zuckte mit den Schultern. Tatsächlich wurde der Motor wieder abgestellt. Jonas stand langsam und umständlich von dem hellgrünen Eimer auf, dann schlug er mit seinen Händen auf seine Hosenbeine und entfernte ebenso langsam und gründlich nicht vorhandenen Schmutz von seiner Hose.

– Ich muss jetzt los.

Jonas legte den Kopf schief und blickte Kanter von unten nach oben an, obwohl er jetzt, wo er stand, etwas größer war als Kanter.

– Tschüss.

– Tschüss.

Jonas gab Kanter die Hand, seine Hand war warm, Kanters kalt. Jonas zog seine Hand schneller als erwartet zurück, Kanters raue Haut kratzte über Jonas' Finger, weil Kanter seine Hand nicht schnell genug öffnete. Jonas drehte sich in die Richtung, aus der er gekommen war, und bog das Schilf zur Seite, drehte sich dann aber noch mal um.

– Was machst du, wenn der Fluss ausgetrocknet ist?

Mit der einen Hand hielt Jonas sich am Schilf fest. Kanter sah auf den Fluss.

– Dann warte ich auf den Regen.

Jonas kam noch einmal näher, er sah auf seine Füße, dann auf das Wasser, dann auf Kanter. Wieder startete der Wagen. Um nach wenigen Sekunden wieder zu verebben. Kanter sah kleine grüne und gelbe, unregelmäßige Punkte in der hellbraunen, gesprenkelten Iris von Jonas' Augen. Jonas nickte fast unmerklich. Er dachte nach. Dann wandte er sich wieder um und stapfte, ohne sich zu beeilen, durch das Schilf. Kanter sah ihm nach. Fünf Minuten später startete das Auto erneut. Es hoppelte über die bucklige Wiese.

Kanter stand auf, klappte den Anglersitz zusammen. Er war kurz in Versuchung, den umgedrehten, hellgrünen Plastikeimer wieder an seinen früheren Platz zu legen, ließ es dann aber und machte sich auf den Weg. Ihm begegnete niemand.

Das kurze Glück des Ibu-Janis

Man konnte nicht behaupten, dass Ibu-Janis ein unglücklicher Mensch war. Weder davor noch danach. Danach ging sein Leben weiter wie davor. Er saß wie vorher in der Küche bei seiner Mutter, freute sich, wenn beim Abwaschen die Tropfen über den Teller liefen, schaute aus dem Fenster, lachte ohne Grund, begrüßte alle Besucher, indem er ihre Hände schüttelte, sie mit beiden Händen griff und so lange schüttelte, bis seine Mutter ihn zur Raison rief:

– Ibu-Janis!

Nur gelegentlich, ohne bestimmten Anlass, wie es schien, brach es aus ihm heraus. Ein Satz, oder beinahe ein Satz. Ohne diesen Satz hätte vielleicht alles wie früher sein können. Immer wieder derselbe Satz:

– Ibu-Janis Imbiss,

sagte er. Abhängig von der Stimmung im Raum sagte er das fröhlich, resigniert oder gleichgültig.

– Später,

sagte seine Mutter, und alle, die sich im Raum befanden, hielten für einen Moment den Atem an.

– Ja, später,

sagte Ibu-Janis und lächelte still vor sich hin. Ausatmen.

Eigentlich hieß Ibu-Janis nur Ibu. Ibu war viel kürzer und hätte viel leichter auszusprechen und zu verstehen sein können. Aber Ibu sprach von sich selbst nur als Ibu-Janis und hörte auch nur auf den doppelten Vornamen. Wenn jemand nur »Ibu« zu ihm sagte, ergänzte er:

– Janis. Ibu-Janis.

Und erst wenn der Ansprache oder Aufforderung »Ibu-Janis« hinzugefügt worden war, wenn der Satz in der korrekten Form wiederholt wurde, reagierte Ibu.

Ibu hatte erst sehr spät sprechen gelernt, und noch viel später hatte er seinen eigenen Namen gelernt. Da konnte sein jüngerer Bruder das schon längst. Ibus Bruder hieß Janis. Und Janis hatte mit Ibu dessen Namen geübt. Indem er bei »Ibu« auf Ibu gezeigt hatte und bei »Janis« auf sich selbst. So hatten es auch die Eltern und alle anderen Anverwandten gemacht. Sie sagten »Ibu« und zeigten auf Ibu und sie sagten »Janis« und zeigten auf Janis. Das hatte sich dann angehört wie »Ibu-Janis«. Vielleicht hatte Janis mit seinen dreieinhalb Jahren einfach die größte Ausdauer bewiesen. »Ibu« – »Janis«. »Janis« – »Ibu«.

Ibu wiederholte:

– Ibu-Janis. Ibu-Janis.

Irgendwann, vielleicht nach dem 400. Mal, war Ibu Ibu-Janis. Am Anfang fanden das alle lustig, auch Janis. Sie lachten darüber und Ibu freute sich, dass die anderen lachten. Er zeigte auf sich und sagte:

– Ibu-Janis.

Nach einer Woche wollte Janis seinen Namen allerdings wieder zurückhaben. Trotz seiner dreieinhalb Jahre begriff er zuerst, dass Ibu sich »Janis« mit angeeignet hatte. Und dass das für Janis nicht von Vorteil war. Er versuchte, Ibu davon zu überzeugen, dass Ibu nur Ibu war.

– Ibu Ibu Ibu,

sagte Janis. Und:

– Janis, Janis, Janis.

Ibu lächelte und sagte:

– Ibu-Janis.

Da halfen Janis keine Tränen, keine Wutausbrüche, keine Schmeicheleien. Auch als alle anderen Janis unterstützten, blieb Ibu Ibu-Janis. Und Janis blieb Janis. Zwei Jahre später flammte in Janis noch einmal kurz die Hoffnung auf, seinen Namen wieder nur für sich selbst haben zu können, als seine kleine Schwester nämlich lernte, »Klara« auszusprechen.

– Ibu-Klara. Klara-Ibu,

sagte Janis. Aber Klara blieb Klara. Und Ibu blieb Ibu-Janis.

Klara hieß Klara, weil sie in Deutschland geboren war. In der Pubertät schämte sich Klara ein bisschen für ihren Namen, er machte sie unsicher. Klara stellte sich zu »Klara« immer ein Mädchen mit goldblonden Haaren vor. Sie hätte lieber Samira geheißen oder Rana. Janis schämte sich nicht für Janis, er schämte sich für Ibu-Janis. Er hatte seine Eltern oft gefragt, ob er nicht anders heißen könnte, irgendein Name, egal welcher, Hauptsache nicht Janis und nicht Ibu. Er wollte einfach nur einen Namen für sich selbst.

– Janis bedeutet: Gottes Geschenk,

sagten seine Eltern, nicht mehr und nicht weniger. Janis musste Vorbild sein, der Große, der Vernünftige, obwohl er jünger als Ibu war. Ibu wurde alles verziehen. Ibu konnte mit seiner Geduld oder Hartnäckigkeit, je nachdem, wie man es betrachtete, alle zur Weißglut bringen. Alle außer seiner Mutter. Janis bewunderte seine Mutter dafür. Manchmal wünschte er sich, wenn auch nicht für lange, er wäre der Behinderte und könnte spontan seine Mutter umarmen, könnte einfach vor Freude juchzen, trotzig mit dem Bein aufstampfen oder, ohne darüber nachzudenken, ein halbes Glas Nutella auslöffeln.

Jetzt war Ibu schon seit 16 Jahren Ibu-Janis. Alle hatten sich mit dieser Situation arrangiert, alle bis auf Janis. Janis sagte aus Trotz immer nur »Ibu« zu Ibu. Ibu verbesserte ihn dann mit einem Lächeln und seiner unerschöpflichen Geduld: »Ibu-Janis«. Und immer musste jemand aus der Familie Janis' Satz wiederholen, in der für Ibu korrekten Form, denn Janis tat das nicht.

Janis war weder ein guter Schüler noch ein schlechter gewesen. Nach einem mittelprächtigen Realschulabschluss hatte er drei Lehren begonnen und wieder abgebrochen. Jetzt wollte er etwas tun, etwas, wo er selbst bestimmen konnte. Es war keine besonders originelle Idee. Aber sie fühlte sich gut an. Er wollte einen Imbiss aufmachen. Nachdem er die Idee mehrere Wochen in seinem Kopf ausgebrütet hatte, holte er Klara mit ins Boot. Mit Klara konnte nichts schiefgehen. Auch wenn ihre Eltern skeptisch waren, waren sie froh, dass Janis endlich ein Ziel hatte. Gemeinsam planten sie. Janis' Vater borgte sich bei Verwandten das Geld für die Ablöse von Janis' Vorgänger zusammen. Die Vorbereitungen waren in vollem Gange, und in der Küche und in der Wohnung schwirrte das Wort »Imbiss« herum. Imbiss hier, Imbiss da. Also sagte auch Ibu Imbiss.

– Imbiss. Ibu-Janis Imbiss.

Janis, Klara und Mama hatten sofort denselben Gedanken: Ibu im Imbiss. Obwohl gar nicht klar war, ob Ibu das überhaupt gemeint hatte, ob er überhaupt verstanden hatte, worüber Janis und die anderen gesprochen hatten. Für Janis war dieser Gedanke unerträglich, in ihm brach die Angst auf, Ibu könnte ihm wieder etwas wegnehmen. Etwas, das ihm gehörte.

Alle meine drei Kinder im Imbiss, das wäre doch schön, dachte ihre Mutter. Ibu war geschickt. Man musste ihm nur alles genau erklären. Er hatte keine Schule besucht, war aber ihr Sonnenschein und hatte durch ihre Geduld viel gelernt. Die Küche, weil dort seine Mama war, war sein Reich. Er hatte gelernt, die Dinge, die sie ihm vormachte, nachzumachen, Teig kneten, Zwiebeln schneiden, Äpfel schälen. Auch wenn er etwas langsam war, er machte das, was man ihm sagte. Ibu hätte eine Aufgabe, dachte sie.

– Nein, das geht nicht. Ibu kann nicht mit in den Imbiss,

sagte Janis schnell.

– Ibu-Janis,

sagte Ibu. Mama sah Janis herzerweichend an. Mama,

immer war sie auf der Seite von Ibu. Janis musste ihrem Blick ausweichen. Dann sah sie zu Klara, dann zu Ibu.

– Ibu-Janis,

sagte Ibu noch mal.

– Ich verlange doch nicht viel, ihr könnt es doch wenigstens versuchen.

Klara konnte ihrer Mutter nichts abschlagen. Janis fühlte sich von drei Augenpaaren eingekeilt.

– Ibu kann nicht mit in den Imbiss,

sagte er noch einmal. Es wäre ganz einfach gewesen, Janis hätte zu Ibu nur »Ibu-Janis« zu sagen brauchen, und er hätte bekommen, was er wollte. Dann hätte Ibu ihn verstanden und genickt. Dann wäre Ibu nicht mit in den Imbiss gekommen. Aber das konnte Janis nicht, er hatte sich geschworen, Ibu nie im Leben »Ibu-Janis« zu nennen. Und damit war es entschieden.

– Aber wenn es nicht klappt, bleibt er zuhause,

sagte Janis.

– Das klappt schon,

sagte Klara.

– Klappt schon,

sagte Ibu.

Janis war wütend, auf sich, auf die anderen, auf Ibu. Vor Wut stürzte er sich in die Vorbereitungen. Er war wie besessen. Er ackerte, rechnete, reparierte Stühle, putzte die Ladentheke, die Fenster, druckte Flyer. In der Hoffnung, dass in den nächsten Tagen noch etwas passieren würde, dass Ibu aus irgendeinem Grunde nicht mit in den Imbiss kommen könnte. Selbst als er mit Klara einen Tag vor der Eröffnung die Girlanden aufhängte, hoffte er, dass Ibu zuhause bleiben würde. Und er hoffte noch immer, als er mit Klara am nächsten Tag den Imbiss aufschloss. Es war verabredet, dass Mama Ibu erst kurz vor Ladenöffnung herbrachte. Er hoffte, dass Mama nicht kommen würde, oder besser, dass Mama kommen würde, aber allein. Mama kam. Zwei Stunden zu früh und mit Ibu. Ibu, der vor Aufregung von einem Bein auf das andere trat. Der begierig war, etwas zu tun. Der sich hinter die Theke stellte. Für Janis stand er überall im Weg, selbst, wenn er auf der anderen Seite des Raumes stand. Janis fühlte sich beobachtet. Und es stimmte, Ibu beobachtete ihn. Beobachtete jeden Handgriff. Er wollte sich einprägen, was Janis machte. Er wollte sein wie Janis. Janis war sein großes Vorbild. Klara erklärte Ibu alles.

– Jetzt schaltet Janis den Grill an. Jetzt füllt er die Soßen in die Schüsseln.

Klara erklärte ihm die Zubereitung der Teigtaschen. Und Ibu füllte seine erste Gemüsetasche.

– Für Mama,

sagte Ibu. Und Mama aß Ibus erste Gemüsetasche und war glücklich. Zur Feier des Tages trug Klara ein pinkfarbenes, glänzendes Kopftuch.

– Und? Sieht es gut aus?

Ibu nickte etwas verschämt.

– Sieht gut aus.

Die Eröffnung war ein Erfolg. Ibu hüpfte durch den Imbiss. Janis und Klara zählten das Geld.

– Seid ihr glücklich?
fragte Mama.
– Glücklich,
Ibu schlang seinen massigen Körper um Klara.
– Alle glücklich.

Selbst Janis war glücklich, er hatte seinen Bruder für einen Moment vergessen. Auch in den nächsten Tagen und Wochen lief der Imbiss besser, als Janis erwartet hatte. Trotzdem wurde Janis immer unruhiger. Für seine Unruhe machte er Ibu verantwortlich. Janis hatte gehofft, dass Ibu versagen würde, dass er sich nicht zurechtfinden würde. Aber Ibu arbeitete ruhig und konzentriert. Ibu füllte die Teigtaschen mit Schawarma, Gemüse, Soße. Setzte eine grüne Peperoni darauf wie eine Krone – genauso, wie Klara es ihm gezeigt hatte. Von jedem Gemüse ein Stück, ein Stück Paprika, ein Stück Blumenkohl, ein Stück Kartoffel und so weiter.

– Einpacken?

Wenn der Gast nickte, dann zog Ibu ein Stück Alufolie aus der Rolle und packte das Essen vorsichtig und liebevoll ein. Keiner der Gäste beschwerte sich, dass er dafür ein paar Sekunden länger brauchte. Denn Ibu war glücklich. Er überreichte die silbrige Packung wie ein Geschenk. Klara oder Janis kassierten. Die Gäste drehten sich meist noch einmal zu Ibu um. Aber Ibu befüllte bereits die nächste Teigtasche mit Gewissenhaftigkeit und Hingabe. Ein Stück Paprika, ein Stück Blumenkohl, ein Stück Kartoffel.

Jeden Morgen stand Ibu als Erster an der Wohnungstür mit seiner braunen Ledertasche, die er von seinem Vater bekommen hatte, »für die Arbeit«, und wartete auf Klara, Klara kam immer als Zweite, und Janis. Janis kam als Letzter zur Tür. Er hatte immer noch irgendetwas zu wuseln, zu erledigen. Von Tag zu Tag schien es länger zu dauern, bis Janis an die Tür kam und sie gemeinsam die Wohnung verließen. Ibu war stolz und glücklich. Jeden Morgen und jeden Abend. Glücklich wie am ersten Tag. Der Imbiss lief erstaunlich gut. Trotzdem wurde Janis' Glück immer kleiner. Die Anfangseuphorie war verflogen. Auch Klara wurden die Handgriffe zur Routine und ihre Gedanken wanderten immer öfter aus dem Imbiss in den Feierabend.

Aus irgendeinem Grund wurde Janis immer ruheloser. Und er begann, Ibu auf Schritt und Tritt zu überwachen, er wollte, dass Ibu Fehler machte. Aber Ibu war stoisch, er machte das, was man ihm sagte, sehr korrekt, er vergaß nichts. Klara war freundlich, sie versuchte die Spannung zwischen Ibu und Janis so gering wie möglich zu halten.

An einem Tag, Janis stand gerade hinter Ibu, sah er, wie Ibu statt einer Peperoni ein eingelegtes Radieschen auf die Teigtasche setzte.

– Was soll das?

– Klara hat gesagt, ich machen, was Gäste wünschen.

Janis sah Ibu und den Gast, einen jungen Mann mit Pudelmütze, böse an. Dem Gast, der Ibu um das Radieschen gebeten hatte, was Janis nicht wissen konnte, tat es jetzt leid, dass er diesen Extrawunsch geäußert und

Ibu in Verlegenheit gebracht hatte. Damit war die Sache aber für Janis nicht erledigt. Nachdem der Mann mit der Pudelmütze den Imbiss verlassen hatte, hackte er weiter auf Ibu ein.

– Und wenn die Gäste sagen, du sollst dich ausziehen, dann ziehst du dich aus.

– Nein, ziehe mich nicht aus.

Von diesem Moment an machte Ibu Fehler. Mal vergaß er eine Kartoffel, dann sogar den Salat oder die Soße.

– So geht das nicht.

Janis nahm Ibu immer wieder die Teigtaschen aus der Hand, wies ihn zurecht und sorgte damit für noch mehr Verwirrung. Er provozierte Ibu solange, bis Ibu einen seiner Anfälle bekam, er schrie:

– Lass mich, lass mich, lass mich!

schmiss eine Teigtasche auf den Boden und wehrte sich mit einer Kraft gegen Janis, der an ihm zerrte, gegen die Janis nicht ankam. Nach dieser Explosion stand für Janis fest, dass Ibu nicht mehr im Imbiss arbeiten konnte, sollten Klara und Mama sagen, was sie wollten. Zuhause beschimpfte Janis Ibu weiter. Ibu schrie:

– Ah, aahh, ahh!

Diesmal konnte Mama Ibu nicht helfen:

– Ibu-Janis war immer gut zu euch.

Klara und Janis hatten Ibu früher dazu gebracht, ihnen von den Einkäufen mit Mama etwas aus dem Supermarkt mitzubringen, dafür mussten sie Ibu nur eine leere Verpackung mitgeben. Ibu legte dann eine volle Packung in den Wagen, auch wenn Mama nicht damit einverstanden war und die Packung wieder zurücklegte, Ibu legte die Packung immer wieder in den Wagen. Ibu hatte immer mehr Ausdauer. Er bekam immer, was er wollte. Und er freute sich riesig, wenn seine Geschwister sich freuten. Irgendwann war Mama ihnen auf die Schliche gekommen und kontrollierte Ibus Taschen, fischte leere Haribo-Tüten, Schokoladenpapiere, Riegelverpackungen aus seiner Jackentasche, bevor sie mit Ibu die Wohnung verließ.

Aber diesmal setzte Janis sich durch. Ibu musste wieder zuhause bleiben.

– Ibu-Janis bleibt bei Mama,

sagte seine Mutter, als Ibu sich am nächsten Morgen für die Arbeit fertig machen wollte.

– Ibu-Janis Imbiss,

sagte Ibu und sah nacheinander zu Mama, zu Janis und zu Klara. Alle drei schüttelten den Kopf. Also setzte sich Ibu auf den Stuhl in die Küche und sah zum Fenster hinaus. Neben ihm stand seine Aktentasche. Ibu schien nicht einmal zu bemerken, dass seine Mutter die Aktentasche leise wegräumte.

Janis und Klara waren allein im Imbiss. Endlich war Ibu weg. Janis fühlte sich erleichtert. Klara fühlte sich ein bisschen schuldig und ein bisschen erleichtert. Sie arbeiteten weiter wie zuvor. Aber der Imbiss wurde immer leerer, es kamen immer weniger Leute. Manchmal warfen sie nur einen kurzen Blick in den Laden, sahen sich um und gingen dann wieder, als wäre, das, was sie suchten, nicht da. Dabei hatte sich nichts am Angebot geändert. Je weniger Leute kamen, desto düsterer wurde Janis, unwirscher und aggressiver. Er war unfreundlich. Und je unfreundlicher Janis wurde, desto weniger Leute kamen. Klara hielt das Wegbleiben der Gäste für eine Strafe, und Mama sah das auch so. Der Imbiss warf keinen Gewinn mehr ab, egal, was Janis sich ausdachte, Rabattaktionen, besondere Gerichte, längere Öffnungszeiten, all das brachte, wenn überhaupt, nur kurzfristigen Erfolg. Nach 13 Wochen musste Janis den Imbiss wieder schließen.

Janis saß auf dem Sofa, er hatte den Fernseher an und starrte auf das Fußballspiel, aber ohne den Ball zu verfolgen. Ständig raschelte jemand an ihm vorbei. Immer waren hier Leute, Verwandte, Tanten, Cousinen, Cousins. Mama wollte Ibu nicht woandershin mitnehmen und die anderen wollten vielleicht auch nicht, dass Ibu zu ihnen kam. Wobei das, wie sich im Imbiss herausgestellt hatte, eine unbegründete Befürchtung war, Ibu fand sich sehr gut zurecht in einer fremden Umgebung. Ibu setzte sich neben Janis und legte seine dicken, behaarten Arme um ihn, Janis spürte die Wärme. »Bist du schwul«, hätte Janis normalerweise gesagt und Ibu von sich gestoßen, aber jetzt konnte er nicht, jetzt wollte er diese Affenarme, diese Affenliebe. Und plötzlich weinte Janis. Männer weinen nicht. Ibu war groß und dicklich. Er war der Größte in der Familie. Auf die drei Zentimeter war Ibu stolz. Janis sagte, wenn er Ibu ärgern wollte, dass Ibu in der Küche großgepäppelt wurde, während alle anderen hungern mussten.

– Ibu, das Elefantenbaby.

– Janis,

sagte seine Mutter dann streng.

Janis schluchzte. Und Ibu schluchzte auch. Das war so seltsam an Ibu, dass er die Gefühle anderer Menschen aufnehmen konnte. Er weinte auch manchmal mit Mama, dann, wenn ihr das alles zu viel wurde. Als Ibu nicht mehr in den Imbiss durfte, hatte Mama geweint, und Ibu hatte geweint, nicht um sich, er stellte das nicht in Frage, er hatte geweint, weil Mama geweint hatte.

Aber er lachte auch aus voller Kehle, wenn die anderen glücklich waren. Mit Janis hatte er schon lange nicht mehr geweint. Janis hasste sich dafür, dass er weinte, und er hasste Ibu dafür.

– Ich hasse deine äffische Liebe,

sagte er. Aber Ibu ließ ihn nicht los und wiegte ihn wie ein Kind.

– Ich will nur alleine sein. Kann man denn hier nicht mal alleine sein!

Janis stieß Ibu weg. In der engen Wohnung hatte er nie Raum für sich. Er wollte hier raus. Ibu trottete weinend davon.

– Janis, was ist los. Was hast du gemacht?

Mama kam aus der Küche.

– Ich habe nichts gemacht.

– Warum weint Ibu-Janis?

– Ich weiß nicht, warum Ibu weint,

sagte Janis.

– Ich will doch nur, dass alle meine drei Kinder glücklich sind.

Mama weinte jetzt auch.

Janis hatte das nie verstanden, warum waren die Leute weggeblieben, was hatten sie falsch gemacht? Ibu war schuld, immer war Ibu schuld, selbst wenn man ihn losgekriegt hatte, war er schuld.

Tatsächlich war es die Abwesenheit von Ibu-Janis gewesen, die die Kunden wegbleiben ließ, oder vielmehr hatte die Anwesenheit von Ibu-Janis die Leute dazu gebracht, in diesem Imbiss zu kaufen. Die Leute waren gekommen, ohne dass sie es selbst benennen konnten, weil sie Ibu sehen wollten – es ging nicht um die Teigtaschen, die waren nicht besser oder schlechter als anderswo –, sie wollten einmal am Tag einen glücklichen Menschen sehen.

Seit Ibu nicht mehr in den Imbiss durfte, beobachteten ihn alle. Sie versuchten herauszufinden, wie Ibu das aufnahm. Sie fragten sich, ob er nicht länger als sonst aus dem Fenster schaute, sehnsüchtiger.

– Bist du traurig, Ibu-Janis?

– Traurig,

sagte Ibu.

– Bist du glücklich, Ibu-Janis?

– Glücklich,

sagte Ibu.

Ibu war kaum anders als vorher. Nur gelegentlich, ohne bestimmten Anlass, wie es schien, sagte er:

– Ibu-Janis Imbiss.

In der zweiten Reihe

Ich hasse das Meer. Ich habe das Meer immer gehasst. Am liebsten sitze ich hier, in meinem schattigen Kabuff, und döse vor mich hin. Ich verstehe nicht, was die Leute hier wollen. Und ich weiß auch nicht, was ich hier soll. Die Sonne. Es ist viel zu heiß und viel zu hell. Früher hatte ich ein Ziel. Ich weiß nicht, wann es angefangen hat, früher zu werden, wann das Ziel in die Vergangenheit gerutscht ist, obwohl ich es nie erreicht habe. Vielleicht liegt es an den Umständen. Damit lässt sich natürlich vieles erklären. Oder auch nicht.

Ich liebe die Nächte. Die Nächte sind kühl und niemand stört mich, stört meine Gedanken und meine Tagträume, ich liebe es, wenn der gelbe Kiesweg in die Dunkelheit führt.

Einmal am Tag kommt die Fähre nach An Thói und einmal am Tag landet das Flugzeug in Duong Dong. Die Bettenkapazität der Insel soll demnächst auf 30 000 erhöht werden, sie bauen jetzt den Flughafen aus, damit die Touristen besser landen und wieder abfliegen können. Ich weiß nicht, was die Menschen hier suchen. Hier gibt es nichts. Und wenn ich Nichts sage, dann meine ich auch Nichts. Nichts außer Sandpisten. Aber die werden sicher auch bald asphaltiert. Das ist dann eine Errungenschaft.

Ich könnte lesen. Aber ich lese nicht. Ich dämmere vor mich hin. Ich hab' auch keine Lust auf Computerspiele. Auch der Fernseher, das ewige Geträller, nervt mich. Frau Tuyet, die alte Frau Tuyet, schaut jetzt nur noch fern, Tag und Nacht. Laut. Man hört das, weil sie den Fernseher auf Anschlag gedreht hat. Inzwischen hat fast jeder einen Fernseher. Noch so eine Errungenschaft. Ich denke, es ist der größte Schwachsinn, den es gibt.

Ich hasse das Meer. Jeden Tag sehne ich mich nach den grünen Reisfeldern und der Kälte. Ich bin jetzt 35 Jahre auf dieser Insel. Man sollte meinen, dass ich mich an diese Umstände gewöhnt habe – habe ich aber nicht. In den ersten Jahren habe ich sehr oft von den Reisfeldern geträumt, jetzt träume ich nur noch selten davon. Meistens versuche ich, im Traum an den Feldern vorbeizulaufen und irgendwo hinzukommen, ich weiß, dass jemand auf mich wartet, ich weiß aber nicht, wer, ich bleibe immer wieder stecken oder komme überhaupt erst gar nicht vom Fleck. Da ich den Namen nicht weiß, von demjenigen oder derjenigen, die auf mich wartet, kann ich auch nicht rufen. Allerdings habe ich wohl ab und an schon mal im Traum ein »Hallo« von mir gegeben. Meine Frau hackt mir dann ihren Ellenbogen in die Seite. Jedenfalls bin ich mir sicher, dass es nicht sie ist, die auf mich wartet und die ich rufen will.

Ich bin jetzt 43, ich werde immer fetter. Irgendwann kommt es noch so weit, dass ich anfange, wie die Hampelmänner im Fernsehen Sport zu machen. Nein, so weit wird es nicht kommen.

Die Gäste sind wie meine Kinder. Ich habe aufgehört, etwas von ihnen zu erwarten. Sie machen doch, was sie wollen. Ich döse vor mich hin und beobachte sie, die Gäste. Tags, wenn sie mit nassen Haaren vom Strand kommen, nachts, wenn die Motorräder halten, wenn sie zurückkommen aus der Diskothek, wenn die Mädchen vom Sozius rutschen. Die Gäste sehen einsam aus. Auf verschiedene Arten einsam. Manche sind sehr laut einsam, manche sehr leise. Ich weiß nicht, welches mir die liebsten Gäste sind, die lauten oder die leisen. Wir haben die Bungalows seit viereinhalb Jahren. Es läuft ganz gut, das Geschäft.

Es war meine Frau, die meine Mutter hinter das Haus verbannt hat. Es ist da schön schattig, hat sie gesagt, das stimmt. Aber es ging ihr nicht um meine Mutter. Sie wollte sie weghaben, aus dem Blickfeld. Aus dem Blickfeld der Touristen. Ich hätte sie gern bei mir gehabt, hier, direkt neben mir. Mitten in der Sonne. Früher hab' ich die Sonne gemocht, die Hitze, den Schweiß, der aus den Achseln lief. Meine Mutter heißt Nhu Ha, Nhu Ha bedeutet: wie ein Fluss. Hier auf der Insel gibt es keinen Fluss. In meiner Kindheit roch die ganze Insel nach verwestem Fisch, nach Fischsoße. Ich kannte jeden auf der Insel. Ich kenne auch jetzt noch jeden auf der Insel. Fast jeden.

Minh Trung kenne ich seit meiner Kindheit. Er hat ein Holzbein und humpelt, trotzdem läuft er jeden Tag die sieben Kilometer bis zum Markt und wieder zurück, meistens wird er allerdings von jemandem auf dem Moped mitgenommen, aber das wird seltener. Ich erinnere mich, dass Minh Trung öfter bei uns in der Schule war, er hat uns erzählt, wie er sein Bein verloren hat. Es ist von einer Mine zerfetzt worden. Als wir Kinder waren, hat er nie erzählt, dass die Mine nicht nur sein Bein zerfetzt hat, sondern auch noch drei seiner Kameraden, einer der Kameraden war eine Frau, Minh Trungs Frau. Die jungen Leute haben kaum noch Respekt vor Minh Trung, seine Geschichte ist nicht mehr interessant. Deshalb fahren sie manchmal mit dem Moped an ihm vorbei, ohne ihn mitzunehmen. Früher gehörte es zum guten Ton, dass man jeden mitgenommen hat, wenn man ein Moped besaß. Minh Trung wedelt denen, die an ihm vorbeifahren, mit dem Stock hinterher und schimpft. Er schreit sogar manchmal. Nur dadurch haben wir das mit seiner Frau erfahren, er hat es hinausgeschrien, weil die Leute an ihm vorbeigefahren sind. Eigentlich ist er eine ruhige Seele. Ich mag Minh Trung. Minh Trung kann nicht mehr so gut sehen, deswegen kann er nicht unterscheiden, wer auf den Mopeds sitzt, er weiß nicht, wer an ihm vorbeifährt. Er winkt auch den Touristen auf den Motocross-Maschinen. Die halten fast nie an. Sie fürchten sich vor Minh Trung, der mit dem Stock und Flüchen hinter ihnen her fuchtelt. Manchmal trinkt Minh Trung auch, aber nicht viel, oder zumindest nicht so viel, dass man ihn als Trinker bezeichnen könnte. Dass Minh Trung nicht mehr von jedem mitgenommen wurde, fällt in etwa in die Zeit, als die Leute wieder angefangen haben, Saigon zu sagen statt Ho-Chi-Minh-Stadt.

Meine Frau spart. Es ist gar nicht nötig zu sparen. Wir kommen gut über die Runden. Meine Frau sprüht die Bettlaken mit Duftspray ein, statt sie zu waschen, damit sie frisch riechen. Es ist schon seltsam, was es für Erfindungen gibt. Die Gäste kommen meist nur zu mir, wenn etwas kaputt ist oder sonst etwas nicht stimmt. Die Steckdosen für die Kühlschränke in den Bungalows sind zum Teil aus der Wand gefallen. Ich könnte das reparieren, aber wenn der Kühlschrank nicht benutzt wird, sparen wir Strom. Meine Frau findet das gut. Deshalb drängelt sie mich nicht. Meine Mutter hätte so eine Schlamperei nie zugelassen. Irgendwann werde ich jemanden dafür holen, der das repariert. Aber nicht heute und nicht morgen.

Die Gäste halten mich für dumm. Manchmal mache ich mir einen Spaß daraus, die Rechnung ein bisschen nach oben oder nach unten zu korrigieren. Noch nie hat sich einer beschwert, wenn ich die Rechnung nach unten korrigiert habe. Manchmal schauen sie etwas verwirrt, die meisten tun so, als würden sie es nicht bemerken. Ich merke aber, wie sie sich freuen. Es ist schön, wenn man ab und an einen Menschen glücklich machen kann. Ich kann es mir leisten. Manche merken es auch gar nicht. Ich mache das Spiel immer mal wieder, nur so für mich. Das Ergebnis ist immer dasselbe. Ich weiß auch nicht, was ich erwarte. Irgendwann bin ich dazu übergegangen, den Preis nach Sympathie festzulegen. Wenn ich die Gäste mehr mag, dann müssen sie weniger bezahlen. Dieses Mögen ist natürlich subjektiv, ich kenne die Gäste ja kaum. Nur einmal, die eine junge Frau, ich glaube, es war ihr peinlich, mir zu sagen, dass ich mich verrechnet hatte. Sie sah müde aus. Sie war drauf und dran zu sagen, dass ich ihr zu wenig berechnet hatte – also musste ich sie mit einer Frage ablenken:

– Are you flying home?

– Yes, home. Thirty-six hours flight.

– Thirty-six hours? Never land?

– Almost.

In 36 Stunden könnte man dreimal hin und her fliegen. Genauer gesagt, zweimal hin und einmal her oder umgekehrt. Die wenigsten unserer Gäste haben das Geld für einen Direktflug. Ich stelle mir vor, dass die Stunden, die man in einem Flugzeug verbringt, in der Luft, dass diese Stunden nicht existieren. So wie in einem Raumschiff mit Überlichtgeschwindigkeit. Dass man immer noch gleich jung aus dem Flugzeug steigt, wie man eingestiegen ist. Wir sind nur einmal geflogen. Nach Ho-Chi-Minh-Stadt. Ich wäre lieber nach Hanoi geflogen, das ist näher an dem, von wo ich her bin. Aber ich kenne dort niemanden mehr. Von Ho-Chi-Minh-Stadt aus haben wir einen Ausflug nach Cu Chi gemacht. Meine Frau und die Kinder wollten da eigentlich nicht hin. Ich wollte da eigentlich auch nicht hin, was ich aber niemandem gesagt habe. Unser Nichtwollen kommt allerdings aus verschiedenen Richtungen. Von meinem Vater existiert nur ein einziges Bild. Er trägt einen Non la, einen Strohhut, und hockt in einem Reisfeld. Er schaut nicht in die Kamera. Ich weiß nicht, wer dieses Bild gemacht hat. Wir waren in einer gemischten Gruppe in Cu Chi, der Guide, ein Veteran der Befreiungsarmee, sprach deshalb nur Englisch. Meine Kinder haben mir übersetzt, allerdings widerwillig, sie hätten sich lieber mit den Touristen, die fast ausschließlich in ihrem Alter waren, unterhalten. Die Amerikaner konnte man meilenweit riechen, am Gras, und am Moskitomittel, sagt der Guide. Wenn man ihn so reden hört, müssen alle Amerikaner ständig bekifft gewesen sein. Und deshalb haben sie auch den Krieg verloren. Darüber lachen alle. Als der Guide die Fallen aus gespitzten Bambusstäben erklärt, in die die Amerikaner hineingefallen und also gepfählt worden sind, lacht keiner mehr, außer dem Guide. In den Tunneln ist es eng und dunkel. Meine Mutter hat nie über den Krieg gesprochen, auch nicht über meinen Vater. Sie hat immer nur gesagt: Das ist vorbei. Das ist jetzt vorbei.

Ich kann mich an meinen Vater nur als flüsternden Schatten in der Nacht erinnern. Jemand, der in der Dunkelheit kam und morgens, wenn es dämmerte, schon wieder fort war.

Manche Gäste sind auch sehr leutselig einsam, die kommen dann zu mir und wollen wissen, wie das Leben hier auf der Insel so ist. Manchmal trinke ich mit ihnen ein Bier. Meistens wollen sie nur wissen, wie schlimm es früher gewesen ist. Wie wir gelitten haben, und wie toll es ist, dass wir jetzt diese Bungalows haben und ein Geschäft damit machen können. Bei diesen Gästen schlage ich meist etwas auf die Rechnung drauf. Geschäft ist Geschäft.

– Business is business,

sage ich dann bei der Abrechnung, meistens fällt mir auch etwas ein, was ich ihnen auf die Rechnung setzen kann, Strom für den Ventilator zum Beispiel, oder das Moskitonetz. Oder einen ihrer Extrawünsche, die meisten Gäste haben Extrawünsche. Die Gäste nicken dann, und sagen auch:

– Business is business.

Manchmal fragen sie noch mal nach, ob der Strom für den Ventilator nicht included war.

– No, not included,

sage ich, und wenn sie noch immer nicht abdrehen, schiebe ich hinterher:

– Electricity very expensive,

und:

– Same same but different.

Das kann man für alles verwenden. Damit krieg' ich auch wieder ein Lächeln in ihr Gesicht.

Wenn ich mal tot bin, dann möchte ich mitten auf dem Weg zwischen den Bungalows begraben werden. Was niemand machen wird, denn die Touristen könnten sich daran stören. Dabei könnte ich mir das gut vorstellen: an den Toten vorbei in Schlängellinie zum Meer.

Die Gäste schauen sich auf der Insel um, als hätten sie hier etwas verloren, dabei sind die meisten noch nie hier gewesen, wie können sie da etwas hier verloren haben? Oder finden? Außerdem gibt es hier nichts. Punkt. Demnächst werden sie ein 5-Sterne-Hotel hierher bauen. Meine Frau hat Angst, dass wir dann unsere Gäste verlieren. Ich versuche, ihr zu erklären, dass 5-Sterne-Gäste nicht unsere Gäste sind. Das Gute an unserem Grundstück ist nämlich, dass es nicht am Meer liegt, unsere Bungalows liegen in der zweiten Reihe.

Die Versetzung auf die Insel war eine Auszeichnung – »für den Aufbau unserer Republik«. Manche nennen mich immer noch den »Sohn der Lehrerin«. Ich denke, dass es für meine Mutter gut war, auf der Insel hat sie aufgehört zu weinen.

Meine richtigen Kinder sind nicht dumm. Sie könnten etwas aus sich machen. Aber sie wollen nur sein wie die Popstars. Ich sage meinen Kindern, lest doch mal ein Buch. Aber sie hacken auf ihren Gameboys herum. Es ist schon seltsam, wie jemand dieses Gedudel ertragen kann. Diese Geräusche der Spiele. Ich bin dann kurz davor, sie an die Wand zu knallen. Wenn mich etwas stört, dann sage ich, die Gäste haben sich darüber beschwert, das ist am einfachsten. Was soll ich groß mit meiner Frau oder den Kindern diskutieren.

Meine Mutter sprach sehr gut Französisch, sie hat versucht, es mir beizubringen. Aber mir war nicht ersichtlich, aus welchem Grunde ich Französisch lernen sollte. Jetzt bedauere ich das. Als ich klein war, hat sie mir abends oft französische Schlaflieder vorgesungen. *Au clair de la lune.* Wenn ich nachts auf den Kiesweg starre, hab' ich dieses Lied oft im Ohr.

Es war ihr Land. Das Land meiner Mutter. Jetzt ist sie hinterm Haus begraben. Versteckt – als müsste sie sich verstecken. Ich war stolz, als mir meine Mutter das Halstuch umgebunden hat. Ich war stolz, den ganzen langen, staubigen Weg bis zur Schule und zurück.

Vielleicht hasse ich das Meer nicht, aber ich brauche es auch nicht. Vielleicht ist es gut, dass es da ist. Irgendwo dahinten, hinter den Palmen, hinter dem staubigen Weg. Ich muss das Meer nicht sehen. Es reicht, dass es da ist. Ich verkaufe nicht.

Kameraübung

Wenn der Tag heiß ist, ziehen die Stunden lange Fäden. Dieser Tag verspricht heiß zu werden. Noch ist es Morgen. Die Luft weht kühl durch die geöffneten Fenster der Lehranstalt. Die weißen, TÜV-geprüften Plastiktische stehen in U-Form vor der versenkbaren Tafel. Die elektronischen Geräte sind ausgestöpselt. Das Summen in den Ohren, aus Leitungen, aus der Luft gegriffen, übrig geblieben von der letzten schlaflosen Nacht, betritt in verschiedenen Lautstärken und Ausführungen den Raum. Es setzt sich, die Stühle scharren über das Linoleum, über den von einer Raumpflegerin mit südländischem Akzent gepflegten Fußboden. Die zum Summen zugehörigen Augen öffnen sich mit einem Blinzeln. Ein korpulenter Mund schließt die Tür. Er spricht zu den zu Bildenden. Er ist der Lehrkörper. Am offenen Ende des U steht der Professorenstuhl. Ihm gegenüber sitzen Nervosität, Neugier, Provokation, Drang, Wissen, Routine und zweimal Langeweile. Die Nervosität ist gespielt oder echt. Der Assistent lehnt an der Wand und lächelt. Die Lehrkörper kommen und gehen, wie die zu Bildenden. Der Assistent lehnt an der Wand und beobachtet die Vögel. Der Assistent blickt demonstrativ nach draußen, dass es niemandem entgeht.

Suchen Sie. Finden Sie. Seien Sie. Sie sind die Kamera. Film ist konzentrierter Alltag, sagt der Lehrkörper. Der Alltag ist ein Schmetterling. Beinahe reglos sitzt er einem Einkaufszentrum gegenüber. Man muss sich ihm behutsam nähern, der Alltag ist kamerascheu, er flattert davon. Das Herkömmliche, Gewöhnliche soll in den Kasten. Der Professor hält inne, in seinem Vortrag, wirft einen missbilligenden Blick auf den Assistenten, praktisch grundlos. Der Assistent wechselt Standbein und Spielbein und lächelt immer noch, echt oder gespielt. Der Professor hält das fest in einem Bild mit dem Titel »Trotz«. Sehen Sie, sagt der Professor. Das, was immer wieder, jeden Tag passiert. Es mag keine Bedeutung haben. Der Alltag ist der Ozean, in dem die Fische des Besonderen schwimmen. Das Besondere lebt im Alltag. Zeigen Sie das Pure, das Nackte. Das klare Wasser. Der Lehrkörper wischt sich den Schweiß von der Stirn.

Die zu Bildenden beschäftigt die Frage: Wo ist der Alltag? Die Studentin denkt drei Sekunden an einen Mann in einer schwarzen, engen Badehose, an die Wiese vor dem Fenster ihres Zimmers und an ein lettisches Buch.

Der Professor ist mit der Frage beschäftigt: Wo sind die Kameras? Der Assistent scheint nicht im Bilde. Der Assistent bringt den Professor mit zur Schau gestellter Schussligkeit aus der Ruhe und hat seinen Spaß dabei. Eine Art von Rache. Danach verlässt er den Raum und kauft sich ein Eis. Es entsteht ein Loch. Eine Warteschleife für Gedanken. Der Lehrkörper beginnt eine Konversation mit der Besten. Die Beste ist die Beste. Sie hat Privilegien. Sie bekommt Bussis zur Begrüßung, rechts links.

Zweierteams sollen gebildet werden. Zwischen Kaffee und Zigaretten, im blättrigen, flirrenden Sonnenlicht bilden sich die Grüppchen. Hier! Hier! Hier! Und du mit mir. Und ich mit dir. Die Studentin hat den Ernst der Lage nicht begriffen. Sie überlässt Arme und Beine der Pigmentierung. Sie sagt nicht du und nicht hier und niemand sagt du zu ihr. Sie sagt Sightseeing. Das ist eine Provokation, das schafft Aufmerksamkeit. Sie braucht Aufmerksamkeit. Sie möchte etwas sehen von der Stadt. Sie sieht sonst nur die Lehranstalt und die Gleise. Die Beste hat Erbarmen, ihr bleibt auch nichts anderes übrig, denn die Plätze sind verteilt. Die Beste und die Studentin sind jetzt also ein Team, ein Team für einen Tag.

Bevor die zu Bildenden sich auf den Weg machen, suchen sie in ihren Köpfen nach der belanglosesten Belanglosigkeit, nach der beeindruckendsten Art von Alltag. Überall. Überall ist Alltag. Die Beste ist nicht wie die Studentin. Sie ist groß, breitschultrig. Manchmal, wenn der Stoff ihres Oberteils luftig und lichtdurchlässig ist, an heißen Tagen, sieht man ihren schönen Busen. Die Studentin ist nicht wie die Beste. Beide haben ihren eigenen Kopf. Die Beste lässt sich ein auf die Sehenswürdigkeiten von München. Die Kamera ist ein Monstrum mit einem noch monströseren Koffer. Die Beste nimmt ihn, nimmt ihn der Studentin aus der Hand. Später stehen sie auf dem Marienplatz. Sehenswürdigkeiten, zwei Frauen und ein monströser Metallkoffer. Die Studentin sieht nichts als Menschen. Und nun? Wo ist der Alltag? Die Beste sieht eine Amateurin, eine Kamera, Touristen und einen extrablauen Himmel, das kann ja heiter werden. Die Studentin packt die Kamera aus. Was soll schon dabei sein. Die Beste sieht ihr dabei zu. Ihre Stirn kräuselt sich. Die Beste überprüft das Bild und macht einen Weißabgleich. Geschäftig, professionell. Die Studentin hat ein neues Wort gelernt: Weißabgleich. Die Beste belächelt die Studentin. Die Bedienung der Kamera ist diffizil, so viele Knöpfe. Die Studentin hat keinen Schimmer. Die Beste zeigt ihr »zoom in« und »zoom out«. Näher ran und weiter weg. Das sollte fürs Erste reichen.

Abwechselnd drehen sie ihre Runden mit dem Kamerakescher. Der Kescher dient der waidgerechten Entnahme von Alltagsfischen aus dem Alltagsgewässer. Der Rest vom Zweierteam bewacht den Koffer, den man auch gut als Sitzbank nutzen kann. Sie können nicht zu zweit. Der Koffer wäre eine Last. Die Studentin hat keinen Blick für die Sehenswürdigkeiten. Sie kann sich nicht einlassen auf die verschnörkelten Gebäude, sie soll etwas einfangen. Sightseeing, eine blöde Idee. Ihr T-Shirt hat feuchte Flecken unter den Achseln. Ihre Hände kleben, die Luft klebt.

Die Studentin nimmt die Kamera. Sie ist schwer und schwarz. Ihr zittern die Muskeln. Die Kamera lässt die Menschen auseinanderschwirren. Die Studentin ist allein auf einem riesigen Platz. Ihre Unsicherheit ist weithin sichtbar. Allein mit einem Monster. Die Flecken unter ihren Achseln werden größer. Sie ist froh, dass sie hinter der Kamera steht. Vor der Kamera machen zwei Jungen Faxen. Sie ärgern den nichtvorhandenen Hund hinter dem Zaun. Die Studentin ist zu gestresst, um zu bellen. Die Studentin denkt über die Kamera nach. Eine Kamera macht wichtig. Eine Kamera hat etwas zu bedeuten. Eine Kamera kann protegieren, kann denunzieren. Die Studentin fühlt, dass die Menschen etwas von der Kamera erwarten.

Die Beste sieht der Studentin zu, wie sie die Schmetterlinge verscheucht. Wie sie mit ihrem Kescher über den Platz hüpft. Wie ein Kind, denkt die Beste. Sie schüttelt den Kopf. Die Beste hat einen Blick, einen Blick auf die Menschen. Die Beste kann das. Unbemerkt bleiben. Die Beste kann andere einfangen, kann Bilder drehen, kann vorführen, du wirst es nicht merken. Die Beste kann, kann Bussis geben. Es tut nicht weh.

Auf halber Strecke errichten sie ein Basislager, an einem Kaffeetisch, unter einem Sonnenschirm, mit gekühlten Getränken. Die Beste legt die Kamera auf den Tisch. Das ist eine Täuschung, das rote Lämpchen leuchtet. Sie hat etwas im Visier. Die Studentin schnallt das, beiläufig, zur Tarnung fragt sie, hast du den Weißabgleich gemacht? Gelernt ist gelernt. Sie kann das gut, das Beiläufige, so gut, dass die Beste ein kurzes Schmunzeln im linken Mundwinkel hat, bevor sie darauf einsteigt und über die Schwierigkeiten mit dem Sonnenlicht, den harten Schatten, und über die Vermeidung von Schwenks räsoniert. In diesem Moment sind sie ein Team. *We can be heroes …* Die Kamera liegt auf der Lauer zwischen zwei Stücken Erdbeertorte. Gefangen wird ein nichts sagendes älteres Ehepaar. Ein nichtssagendes Schweigen. Ein erschöpfter Tag, eine erschöpfte Ehe. Das ist es. Die Beste hat es mal wieder auf den Punkt gebracht. Cut. Das rote Lämpchen erlischt.

Sie umkreisen dieselben Plätze. Gewimmel von alltäglichen Touristen. Am Brunnen beispielsweise. Die Studentin kann nicht untertauchen. Mit der Kamera treibt sie oben. Mit elefantischer Plumpheit und einem schwarzen Kamerarüssel schiebt sie sich durch die Menschen. Der Alltag löst sich vor ihren Augen auf. Verdunstet in der Hitze. Die Stunden legen sich auf ihre Haut, staubig, zäh. Der Tag hängt schlaff in den Nachmittagsstunden. Schattenplätze sind rar. Die Beste hat eine Kühle, damit fächert sie der Studentin Luft zu. Die Beste hat eine Aura.

Eine neue Runde. Die Studentin zieht einen großen Kreis. Immer an der Wand lang. An den Gebäuden. Sie sucht Schutz, Deckung. Außerdem ist es heiß. Da steht ein Mann, ein blinder Mann. Das könnte etwas sein. Einfach draufhalten. Das hat ihr niemand gesagt, das macht die Studentin. Sie weiß nicht, was sie sonst tun soll. Der Mann trägt eine gelbe Binde mit drei schwarzen Punkten, sonst unterscheidet ihn nichts von anderen Passanten, nur, dass er da steht. Dicht vor seinen Füßen liegt eine Schiebermütze. In der Schiebermütze liegen Münzen. Er ist groß und schlank und hat blonde Locken. Er ist jung, vielleicht so alt wie die Studentin. Die Studentin ist misstrauisch. Immer ist sie misstrauisch. Ist er wirklich blind? Seine Augen sind nicht eingefallen, seine Augen bewegen sich. Spielt er nicht etwas vor? Die Studentin will ihn aus der Rolle fallen sehen, sie will sehen, wie er aufgibt. Zeig, dass du nicht blind bist. Hier ist die Kamera, die Kamera sieht dich. Die Studentin hat einen harten Blick. Der Marienplatz flimmert. Sie nimmt die Kamera in Anschlag. Die Passanten sehen die Kamera, nicht den Blinden. Und der Blinde steht einfach da. Er kann nicht weg, er kann nicht fragen, was ist da los. Er kann nur dastehen und seine Angst spüren. Spüren, wie die Leute anders sind. Er weiß nicht, warum die Leute anders sind. Er kann die Kamera nicht sehen.

Die Beste hat etwas gefangen. Sie will die Kamera einpacken. Aber die Studentin will ihren eigenen Fisch. Sie hält die Kamera fest. Die Studentin läuft der Besten hinterher. Über den Platz, die Treppen hinunter, ins Dunkle, in den Untergrund, in die U-Bahn. Die Studentin spürt den Schweiß an ihren Beinen, der Rock klebt an der grünen Sitzbank fest. Die Kamera hockt auf ihrem Schoß. Die Passagiere schauen auf die Kamera, aber die Kamera ist erschöpft. Was soll jetzt noch kommen? Die Türen öffnen sich, die Türen schließen sich. Benutzen Sie Ihre Augen. Die Kamera ist Ihr Auge. Ihr Fokus. Die Studentin hört die Stimme des Professors. Was sieht die Studentin? Sie sieht ermattete Gesichter. Zurückbleiben bitte! Sie sieht eine Frau und ein Kind. Das Kind tanzt um die Haltestange in der U-Bahn. Das Kind dreht sich. Die Studentin drückt auf »record«. Jetzt wird das Kind innehalten, denkt die Studentin. Aber das Kind hat keine Augen für das Monster. Und noch eine Runde. Drehen. Um die Haltestange. Das Kind hört das Sausen der U-Bahn. Das Kind spürt das Flattern in den Haaren. Das Kind ist atemlos. Atemlos glücklich. Die Türen schließen sich, die Türen öffnen sich. Das Kind ist verschwunden. Aber die Studentin hat etwas. Das hält sie jetzt behutsam fest. In ihrer Hand. Und trägt es nach Haus.

Die Stunden haben sich gezogen wie Zuckerwatte, sie bilden ein klebriges, süßes Knäuel. Inzwischen ist die Hitze in die Lehranstalt gedrungen. Die Sonne steht über der Breitseite der hohen Fenster und schießt in die Spätnachmittagsmüdigkeit. Das U der Tischformation ist nur unmerklich verrutscht. Der Assistent ist verschwunden, in einer kühlen, viel zu dunklen Wohnung. Der Professor wartet. Die zu Bildenden kommen zurück. Die Alltagstauglichen legen die Kameras, die Filmbänder vor den Professor. Das könnte ein Liebesbeweis sein. Sie müssen sich jetzt zeigen. Ihren Alltag zeigen. Vorführen. Sich vorführen. Die Beste darf beginnen. Gestochen klarer Alltag, da ist nichts verwackelt. Die Studentin sieht den Brunnen. Dort, wo für sie nichts zu holen war. Da hat die Beste etwas eingefangen, das nicht Liebe ist und nicht Freundschaft und nicht Langeweile, sondern eine Form von Alltag. Die Kamera folgt den Händen einer jungen Frau, folgt ihr durch die Haare eines jungen Mannes, volle lockige Haare. Die zu Bildenden sehen die stoische Ruhe, die Gleichförmigkeit der Bewegungen und die Hitze des Marienplatzes.

Die junge Frau bürstet die Haare gegen den Strich. Die Gedanken des jungen Mannes sieht man nicht. Etwas bleibt immer verborgen.

Die Beste kann mit der Kamera umgehen. Sie hat Selbstbewusstsein. Und einen Hauch von Arroganz, der anziehend macht. Die Studentin ist neidisch. Es gibt verschiedene Brennweiten. Die Beste kann, kann Bussis ab. Jemand ist im Bilde. Ein Blinder vor der Kamera. Passanten laufen durchs Bild. Dunkel, hell, unscharf. Autofokus. Der Film der Studentin. Jetzt ist Zeit hinzusehen. Die Verwacklungen. Das Rutschen auf dem Stuhl. Die Unruhe. Das Lechzen. Die Studentin lechzt nach Anerkennung. Auch das ist Alltag. Dann springt ein Kind durch den Raum. Pupillen weiten sich. Die festgefahrenen Mundwinkel bekommen einen leichten Drall nach oben. Der Professor schiebt die Brille zurecht. Einen winzigen Moment sind die Menschen im Raum eingefangen, gefangen von der Unbefangenheit, von der Unbekümmertheit. Ein Schmetterling flattert durch die U-Bahn. Dann sieht der Professor wieder die Augen der zu Bildenden. Sieht die Bedürftigkeit, die er nicht haben will. Wischt sie weg. Nimmt ein anderes Band. Eine Spielwarenverkäuferin sortiert Spielwaren in die Regale eines Spielwarenladens. Das macht sie jeden Tag. Es gibt da keine Herausforderungen.

Die Alltage gleichen sich, gleichen sich nicht. Der Wind fährt der Besten in die Haare. Der Fahrtwind. Sie hat die Lehranstalt schon längst verlassen. Die Beste will mehr, will eine Grenze. Will darüber hinaus. Sie nimmt sich etwas, etwas heraus aus der Schublade, in die der Professor jetzt die restlichen Bänder legt. Auf den Bändern ist etwas festgehalten. Etwas, das später niemand mehr betrachten wird. Der Alltag bietet nicht Zeit für alle. Der Professor hat auch einen eigenen. Der wartet. Ein Abendbrot. Eine Konversation am Küchentisch. Die sich nur unwesentlich von der gestrigen unterscheidet. Die Hitze und der Alltag liegen auf den Gesichtern. Da kann auch die milde Abendsonne nichts machen. Sie kann nur die Erschöpfung weichzeichnen. Das Summen nimmt wieder zu, es ist das Rascheln der Blätter im Biergarten, es sind die stoischen Techno-Bässe, das Schwingen der Gedanken, der Bilder, das Rauschen der Hitze.

Die Studentin wird wach liegen bei geöffnetem Fenster. In einer fremden Wohnung. Sie wird auf den alltäglichen Verkehr der Hauptstraße lauschen. Die Studentin denkt über den Mann nach, über diese aufrechte Haltung. Die Studentin sieht den Film noch mal, spult noch mal zurück. Jetzt steht sie auf dem Marienplatz, sie sieht den Blinden, sieht, wie ihm der Schweiß über die Stirn läuft, riecht den Schweiß. Wer ist dieser Mann? Die Scham rinnt ihm über die Stirn. Er spürt den Blick. Den unnachgiebigen Blick der Kamera. Die Studentin sieht, kann die Blindheit jetzt sehen, ihre Blindheit. Das ist die Geschichte.

Es ist nichts passiert, keine Katastrophe. Es ist eine Übung. *Just for one day…* Wenn die Luft drückend ist, zieht die Nacht lange Tagfilmfäden.

Andenkung

Sie treten auf die Straße, es hat geschneit. Nein, es hat nicht geschneit, aber es könnte geschneit haben, so hell ist es, als sie aus der Kneipe treten. So hell wie frisch gefallener Schnee in einer Winternacht. Es ist aber Sommer. Sie treten auf die Straße. Eben noch haben sie im Dunkeln gesessen. Aber jetzt treten sie ins Licht. In der Kneipe hinter ihnen riecht es nach abgestandener Nacht. Nach zertanzten Schuhen. Aber jetzt stehen sie auf der Straße. Sie blinzeln. Zu viel Licht.

»Du küsst schon mal gut«, sagt er. Es ist ein Kompliment, das herabfällt wie ein nasser Sack. Ein Kompliment mit einer Erwartung. Sie wischt das beiseite. Sie will den Schnee sehen, der mitten im Sommer auf die Straße gefallen ist. Es ist fünf Uhr morgens. Sie stehen auf der Straße. *Das ist nicht gut*, steht auf einem Zettel, der, von Zweifelklammern gehalten, auf einer Wäscheleine im 3. Stock weht. Sie sieht hinauf zum Balkon mit der Wäsche. Sie ist unschlüssig.

»Ich geh' jetzt nach Hause«, sagt er. Auf ihrer Stirn ist eine Andeutung von Nervosität zu erkennen, ein Zittern der rechten Augenbraue. Er zögert kurz. »Und dich nehm' ich mit«, setzt er hinzu. Das Zittern der Augenbraue verschwindet. Dieses Zögern, diese kleine Unverschämtheit, dieses Besitzergreifen, damit nimmt er sie ein. Seine Augen sprühen Funken, sein Mund wird zu einem breiten Lächeln. Sie ist müde, sie ist glücklich. Sie will jetzt irgendwo einschlafen. Sie schiebt ihre Hand in seine Hand. Er könnte sie ohne weiteres zerquetschen. Mit der anderen Hand hält sie ihr Fahrrad. Bewegung. Ihre Augen fahren das Kopfsteinpflaster ab, ein zarter Glanz von Morgentau. Sie betrachtet die schiefen Gehwegplatten und die Grasbüschel, die geöffneten Fenster, das Wehen der Gardinen. Sie gehen durch ein morgendliches Stillleben. Die kühle Luft dringt in ihre Lungen, sie atmen gleichmäßig. Ein Lächeln gleitet an den Balkonblumen entlang. Ihre Füße hinterlassen einen vorsichtigen Eindruck im frisch gefallenen Sommerlichtschnee. Glitzern. Sie müssen jetzt nichts sagen.

Sie bemerkt ein Kribbeln in den Händen. Eine kurze Böe aus einer Seitenstraße, ein Staubwirbel. Neben dem Rinnstein liegt eine leere Zigarettenpackung mit einer aufgedruckten Warnung. Sie blickt hilfesuchend nach oben. Auf einer unerreichbaren Dachterrasse weht jetzt ein *Aber*. Es platzt aus ihr heraus, eine Salve, ein Maschinengewehrangriff, »Ich schlafe aber nicht mit dir.« Das Blitzen in seinen Augen verschwindet. Er hüstelt fast unmerklich. Die Schritte werden auf einmal schwerfällig. Das Licht, das langbeinig durch die Ritzen der Stadt fällt, bekommt einen milchigen Ton.

Er lauscht dem Klappern ihrer Schuhe. Es kommt ihm jetzt aufdringlich vor. Aufgesetzt, auf Wirkung heischend. Er fühlt sich provoziert. Es erinnert ihn an etwas. An etwas, das er nicht greifen kann. Es wird ein heißer Tag werden heute, wie gestern und wie morgen. Die Stadt ist ruhig. Es ist eine Mischung aus Kühle und Hitze. Ein Frösteln läuft über ihre nackten Arme. Der Dreivierteltakt ihrer Schuhe wird zu einem traurigen Walzer.

In diesem Moment weiß er nichts mit ihr anzufangen. Sie ist ein Anhängsel, das mitläuft. Aber sie duftet. Ihr Kleid duftet. Er möchte die Haut an ihren Armen berühren. Er möchte die blonden Härchen auf ihrem Arm, die im Morgenlicht schimmern, küssen. Er möchte in sie eindringen, sofort, jetzt umso mehr. Er fühlt sich wie ein kleiner Junge. Dieses Händchenhalten scheint ihm unangebracht. Man muss das überhöhen, denkt er. Er schwenkt seine Hand albern aus. Sie kommt aus dem Takt. Das Klappern ihrer Schuhe wird zu einem Marsch.

Etwas kommt ihnen entgegen, der Geruch nach frischen Brötchen. Vor ihnen öffnet sich eine Bäckereitür. 5.30 Uhr. Die Bäckerei ist erstaunlich voll. Die vor ihnen stehen, sehen nicht aus, als wären sie gerade aufgestanden. Eine süße Schnecke verschwindet in einem geöffneten Mund. Der Mann vor ihnen wird einen Coffee to go bekommen, er hat einen kleinen Bauch und eine Glatze. Es riecht nach Kaffee, frisch gebackenem Brot und Verheißung. Frische Frühstücksbrötchengeborgenheit. Das Aufbrechen der harten Kruste, das weiche, luftige, leicht feuchte Innere, der Appetit. Auf einem

Schildchen steht »Sexkornbrötchen«. Mit X. Sie überlegen, ob das Absicht ist, ein Verkaufsargument oder eine Fehlleistung der Auszubildenden. Wenn sie jetzt an der Reihe wären, würde er die Frau mit der weißen Schürze ansehen, betont kühl, die Brötchen ihrer Wahl aufzählen und, wenn die Bäckersfrau sich schon umgedreht hat und mit einer Zange die warmen Backwaren in eine braune Papiertüte zählt, würde er hinzusetzen: »und zwei Sexkornbrötchen.« Sein Blick und seine Stimme würden leicht nach unten gehen, »man weiß ja nie«, würde er sagen. Sie, die Frau mit Klipp-Klapp-Schuhen, würde kleine, nach oben zeigende Fältchen an den Augen bekommen und denken, das könnte etwas werden. Sie sind aber noch nicht dran. Sexkornbrötchen. Seine Augen werden schmal, sein linker Mundwinkel bekommt einen Hauch von Verächtlichkeit. »Aber das wollen wir ja nicht«, sagt er. Es klingt wie gebellt. Sie zuckt zusammen. Der ältere Mann geht aus der Bäckerei, öffnet eine Fahrertür und steigt in ein Taxi, er sieht müde aus. Er fährt nach Hause. Er freut sich auf sein Frühstück, er freut sich auf sein Bett. Er hat keine großen Wünsche mehr.

Sie läuft jetzt nicht mehr neben ihm. Sie ist aufs Rad gestiegen. »Ich kann nicht mehr laufen in den Schuhen«, sagt sie. Das ist eine Lüge. Ihre linke Hand baumelt nicht mehr frei und kann nicht gegriffen werden. Das Morgenlicht verschwindet langsam.

Irgendwo gibt es einen Hinterhof. Sie sperrt ihr Fahrrad ab und er die Tür auf. Der Teppichboden verschluckt das Flattern ihrer Füße. Zwischen ihnen liegt ein düster gespanntes Zimmer. Das Terrain. Ein schwarzes Sofa, drei schwarze Regale, schwarze Jalousien, ein Bett mit einem Kopfkissen und einer Decke. Hinter dem Fenster weht der Wind in einen von den Jalousieblättern zerschnittenen Kastanienbaum.

Sie fragt sich, was sie hier soll. Einen Moment hört man das Rascheln der Kastanie im Hof. Er sieht sie im Gegenlicht vor dem Fenster stehen. Er fragt sich nicht, was sie hier soll, was ihm seltsam erscheint. Die Frau im Gegenlicht gehört hierhin. Die Eitelkeit ist vergessen. Seine Finger blättern durch die Plattencover. Sie halten inne. Er dreht sich kurz nach ihr um, wie um sich zu vergewissern, ob das die richtige Musik für sie ist. Dann lässt er die Platte in seine Hand fallen. Vorsichtig. Er bläst ein Staubkorn zur Seite. Langsam beginnt sich der Plattenteller zu drehen. Die Abtastnadel fällt sanft in die Rille. Ein angenehmes Knistern.

Ohne sich nach ihr umzudrehen, zieht er seine Hose und die Socken aus. Sie beobachtet ihn dabei. Er sitzt in weißer Feinrippunterhose und T-Shirt auf dem Bett. »Ich bin gar nicht müde«, sagt sie. Sie will die Zeit dehnen. Sie nimmt die Gitarre, die neben dem Bett lehnt. Er könnte ihr jetzt sagen, dass sie eine schöne Stimme hat. Er weiß, er bräuchte nur ein kleines Wort zu sagen, und sie würde weich wie eine Katze werden. Er sagt dieses Wort nicht. Er sagt: »Du triffst die Töne nicht.« Er lacht schadenfroh. Er macht sich über sie lustig. Sie kann nicht darüber lachen. Sie hasst sich, wenn sie die Töne nicht trifft. Sie singt weiter, aus Trotz. Ihre Stimme klingt jetzt wie klirrendes Porzellan. Irgendwann gibt sie auf. Sie legt sich zu ihm ins Bett. Sie wäre jetzt gern woanders. Aber sie ist zu müde.

Die Nähe ist beunruhigend. Die Unruhe ist anstrengend. Sie legt ihre Hände um seinen Körper. An dem Punkt sind wir noch gar nicht, denkt er. Sie darf jetzt nicht ihre Hände um meinen Körper schlingen. Ihr Kopf liegt schwer auf seiner Brust. Langsam legt er ihren Kopf zur Seite. Sie würde schlafen, wenn er seinen Arm auf ihren Körper legt. Er ist schuld, wenn sie nicht schläft, denkt sie. Was soll er mit ihr anfangen. Dieser warme Körper. Er muss jetzt schlafen. Er blendet sie aus. Sie verschwindet aus seiner Wohnung, sie ist bereits Vergangenheit. Ohne Bedeutung.

Die Hitze hat die Vögel stumm gemacht. Die Müllcontainer scheppern. Jemand müsste das Fenster schließen.

Sie frühstücken. Im Ausschnitt sieht er den Ansatz ihrer Brust. Das T-Shirt ist ihr viel zu groß. Er stöhnt. Sie ist immer noch da. Er will sie jetzt noch mehr. Er möchte seine Finger in ihren Slip stecken. Sie essen die gekauften Brötchen mit Marmelade. Sie denkt: »Sexkornbrötchen«. Sie fragt: »Muss ich jetzt gehn?«

Das Bett ist noch warm. Das Fenster geht nach Süden. Endlich schläft sie. Die Hitze hat sich in ihren Haaren verfangen und zwischen ihren Beinen. Es ist später Nachmittag, als sie aufwachen, verschwitzt. Sie muss los. Sie muss. Irgendwohin. Im Bad geht die

Dusche. Gleich wird sie verschwunden sein. Er will, dass sie bleibt. Er möchte ihren Duft behalten. Er merkt sich den Namen ihres Parfüms. Sie betrachtet das spartanische Bad, als könnte sie daraus etwas lesen. Sie sieht sich im Spiegel. Er liegt im Bett mit geschlossenen Augen. Sie sieht ihn im Bett liegen. Sie will wissen, wie er schmeckt, wie er sich anfühlt. Sie will das jetzt einfach nur wissen.

Sie kommt. Sie kommt angezogen aus dem Bad. Er zählt die Quadrate auf dem Stoff ihres Kleides, er kommt nicht weit. Er legt sich das Kissen auf die Augen. Gleich wird die Tür ins Schloss fallen.

Ein duschfeuchter Körper. Jetzt gibt es kein Zurück. Sie sitzt auf ihm. Für einen Moment ergibt sich ein Rhythmus. Er würde jetzt gern so liegen bleiben. Sie sieht die Cellulite an ihren Beinen, sie sieht einen hässlich behaarten Brustkorb. Sie denkt an einen anderen Mann. Sie befinden sich auf fremdem Terrain. Etwas verrutscht. Er wünscht sich, nicht mit ihr geschlafen zu haben. Sie wünscht sich, dieses Gesicht nicht gesehen zu haben. Ihre Nacktheit lässt sich mit ihrem Kleid kaum bedecken. Zu wenig Stoff.

Sie verlassen gemeinsam die Wohnung. Er kauft eine Zeitung. Sie beobachtet ihn dabei. Er beobachtet sie, wie sie ihn beobachtet.

Er fragt nicht nach ihrer Telefonnummer, sie sagt nicht, dass sie ihn wiedersehen möchte. Sie küssen sich. Der Kuss schmeckt nach erstem Schnee.

Kalter Sommer

Barbara würde jeden Augenblick hereinkommen. Die letzten Apfelbaumblütenblätter fielen auf Barbaras Schoß. Ohne sie wahrzunehmen, wischte sie sie weg. Den Korbstuhl, in dem Barbara saß und las, hatte er immer als unbequem empfunden. Es war ein Samstag, wie es schon viele Samstage vorher gegeben hatte. Barbara sah so aus und verhielt sich auch so, als wäre nichts gewesen. Nichts Wesentliches. Gerhard fürchtete sich davor, dass Barbara hereinkam und so tat, als wäre nichts gewesen.

Wahrscheinlich hatte sie genau so gesessen. Insgeheim glaubte er, dass diese Vögel schuld waren. Diese Vögel, die, statt zu singen, zu trällern oder zu zwitschern, schimpften. Er wusste den Namen der Vögel nicht, Barbara hatte ihn genannt, und er hatte ihn sofort wieder vergessen. Zu viele andere Gedanken waren in seinem Kopf gewesen. Wenn es also andere Vögel gewesen wären, deren Gezwitscher als Gesang zu bezeichnen gewesen wäre, vielleicht wäre Barbara dann im Liegestuhl sitzen geblieben mit ihrem Buch, hätte weiter gelesen. So wie jetzt.

Gerhard fühlte sich alt. Seine grauen Haare hingen strähnig in seine Stirn. Er spürte den Schweiß unter seinen Achseln und der Gürtel seiner Hose drückte seinen Bauch. Er hielt sein Glas unter den Wasserhahn, ein angenehmes Zischen, erst, als das Wasser bereits über seine Hand lief, stellte er den Hahn ab. Wenn Barbara zugegen war, trank er das stille Wasser aus den Glasflaschen, neben dem Kühlschrank standen drei Kisten. Sie kauften das, der Umwelt zuliebe, Barbara hatte das so beschlossen. Er hatte aufbegehrt. Hatte sie strafend beobachtet, wenn sie sich ein Glas Wasser eingoss, so dass Barbara mehrmals gefragt hatte, was ist? Ist was? Oder: Soll ich dir auch ein Glas Wasser einschenken? Er hatte Argumentationen geführt, sehr sachlich, hatte dargelegt, wie viel Energie durch den Transport und die Abfüllung verbraucht wurde, war auch mal emotional geworden, hatte all das gesagt – aber nur innerlich. Barbaras Antwort konnte er sich vorstellen. Na und, würde sie sagen. Na und. Darauf fiel ihm nichts ein. Gelegentlich, beinahe zufällig, vergaß er beim Einkauf, Wasserflaschen mitzubringen, vergaß, den Vorrat zu erneuern. Barbara trank dann aus Protest nur Tee. Er konnte dann, mit einer gewissen Freude sogar, Wasser aus der Leitung trinken. Es kam ihm vor, als würde er etwas Verbotenes tun. Manchmal, wie zum Spaß, öffnete er den Hahn, lauschte kurz dem Zischen, drückte dann den Hebel der Mischbatterie wieder nach unten, noch mal Zischen, Stopp, Zischen, Stopp. Wenn er Wasser aus der Leitung trank, beobachtete Barbara ihn, zumindest kam ihm das so vor, dabei wusste sie nichts von seiner Aversion gegen Wasserflaschen. Geht auch, sagte er und hielt ihr das Glas hin. Durch das Wasserglas hindurch betrachtet wirkte Barbara etwas kleiner, entfernter. Geht nicht, sagte sie. Manchmal fuhr sie selbst noch mal los. Manchmal lachte sie und machte sich über seine Vergesslichkeit lustig, Demenz im ersten Stadium. Manchmal ignorierte sie ihn einfach nur.

Barbara war immer noch topfit. Man sah ihr das Alter nicht an. Man sah ihr nichts an. Er war immer dem Fluss gefolgt. Sie waren hier in dieser Stadt gelandet, weil genau in dieser Stadt zur gleichen Zeit zwei Stellen für Kunstlehrer ausgeschrieben waren. Barbara unterrichtete Kunst und Deutsch. Er unterrichtete Kunst und Geschichte. Alles hatte sich gefügt. Es war keine große Stadt, aber immerhin groß genug, dass sie ein eigenes Theater hatte und früher auch zwei Kinos. Sie hatten einen guten Stand, sie waren Teil des kulturellen Lebens.

Über der Récamiere hingen Gerhards Zeichnungen. Christian als Baby, Barbaras Rücken, Barbaras Profil, ihr Blick vom Betrachter weggewendet. Das Papier war inzwischen gelb, fast braun, die Linien betteten sich in den Hintergrund ein, es war, als würden Vorder- und Hintergrund einander auslöschen. Sie hingen da seit fast 30 Jahren. Und würden wahrscheinlich auch noch die nächsten 30 Jahre da hängen und immer weiter verblassen. So wie alles in diesem Haus zu verblassen schien.

Gerhard nahm zwei Tabletten aus der weiß-blauen Plastikdose und warf sie nacheinander in den Mund. Er versuchte, schnell zu schlucken, bevor die Tabletten sich voll Wasser sogen und an der Zunge oder der inneren Wange kleben blieben. Was ihm nur teilweise gelang. Magentabletten gegen Sodbrennen, stand auf der Packung, und: Mit praktischem Mitnahme-Röhrchen im Bodenfach. Mitnahme-Röhrchen! Das war ihm noch nie aufgefallen, weder dieser schriftliche Zusatz noch das Mitnahme-Röhrchen selbst. Am liebsten hätte er dem Mitnahme-Röhrchen nachgeforscht, stellte die Plastikverpackung jedoch wieder in den Küchenschrank, ganz hinten ins oberste Fach, das für Barbara nicht einsehbar war, hinter die Tees und Kandiszuckerpackungen.

Barbara war auf ihn zugekommen. Eigentlich hatte er es auf ihre Freundin abgesehen gehabt. Barbaras Freundin, er hatte ihren Namen vergessen, hatte ihn an ein Mädchen erinnert, an ein Mädchen aus seinem Dorf. Marianne. Seine erste Freundin war aus heutiger Sicht dick gewesen und auch Barbaras Freundin war rundlich gewesen, rundlich und hatte gelacht. Und dann hatte Barbara vor ihm gestanden und ihn auf die Tanzfläche gezogen zu *Kung Fu Fighting*. Und er hatte sich ziehen lassen. Und das rundliche Gesicht der Freundin hatte immer noch gelacht, und sie hatte gewunken und Gerhard hatte zurückgewunken. Barbara hatte nicht gewunken. Ab da war sie allein erschienen. Hatte ihn mitgezogen. In die Berge, ans Meer, in dieses Haus. Manchmal hatte er das Gefühl, zu langsam zu sein. Wenn er das Bedürfnis gehabt hatte, in die Berge zu fahren, dann waren sie längst dort gewesen. Mit Barbara war er sich selbst und seinen Wünschen voraus.

Gerhard spitzte fünf Bleistifte verschiedener Stärken, schob sie in das alte, braune Lederetui. In seinem Oberbauch rollte die Luft nach oben. Der Rülpser war lauter als gedacht, und die Erleichterung wurde getrübt von der Angst, ertappt zu werden. Gerhard sah sich nach Barbara um, aber sie saß noch immer unterm Apfelbaum, stoisch, er sah, wie die Blüten nach unten fielen, weniger als vorhin, und wie sie sie vom Buch wischte und vom Schoß.

Ohne die Pantoffeln zu wechseln, ging er in den Keller, räumte die Werkzeuge aus seiner alten Aktentasche, nur als Werkzeugkoffer hatte er sie Barbaras Zugriff entziehen können. Er schüttelte sie und pustete den Staub so gut es ging heraus. Oben steckte er das Lederetui ins Seitenfach. Dorthin, wohin er es früher auch gesteckt hatte, viele Jahre. Die Aktentasche war vielleicht das einzige Relikt, das überdauert hatte. Die braune, lederne Aktentasche. Mit der neuen Aktentasche hatte er die Angewohnheit aufgegeben, Bleistifte mitzunehmen. Es war eine Verkettung unglücklicher Umstände. So wie der Zusammenprall der beiden Flugzeuge. Wenn der Bus mit den Kindern das erste Flugzeug nicht verpasst hätte, wenn der Fluglotse zu diesem Zeitpunkt nicht gerade Pause gemacht hätte, wenn der russische Pilot dem Warnsystem mehr vertraut hätte.

Er erinnerte sich, wie Barbara den Hausbau gemanagt hatte. Wie sie die Lkw-Fahrer dazu bringen konnte, den schwierig geschlängelten Weg zu ihrem Grundstück rückwärts zu fahren, um den Sand fünfzehn Meter dichter am Haus zu haben. Fünfzehn Meter, die weniger getragen werden mussten. Gerhard bewunderte sie dafür. Es schien, als ob Barbara immer wusste, was sie wollte. Nach und nach hatte sie für ihn mitentschieden.

Der Apfelbaum trug kaum noch Früchte, trotzdem blühte er jedes Frühjahr wie verrückt. Vielleicht fehlten die Bienen, oder er war zu alt. Sie hatten ein Haus, ein Einfamilienhaus am Stadtrand. Ein Kind. Alles war in Ordnung. Christian war ausgezogen. Wenn er bei den wöchentlichen Gesprächen mit Barbara zufällig ihn am Telefon hatte, reichte Gerhard den Hörer ungefragt an sie weiter.

Gerhard nahm die neue Aktentasche, die seit ein paar Jahren auch nicht mehr neu war, und sortierte deren gesamten Inhalt in die alte. Drei Kugelschreiber, zwei Papierordner der Klassen 7 und 9, ein Schreiben der Schulverwaltung, das er sich durchlesen sollte, die Brieftasche, Kleingeld, das herausgefallen war, ein Handy, das er einem Schüler aus der 6b noch zurückgeben musste, eine halbverbrauchte Packung Papiertaschentücher und ein leere Packung Papiertaschentücher – er räumte alles, auch das, was eigentlich Müll war, von einer Tasche in die andere – zerknüllte Quittungen, ein uraltes Bonbon und ein gebasteltes Etwas, das nicht mehr genau zu erkennen war und von einem

Schüler oder einer Schülerin aus den unteren Klassen stammen musste. Dann stellte er beide Aktentaschen neben den Schreibtisch, er musste etwas quetschen, denn der Platz zwischen Wand und Schreibtisch war zu schmal für zwei Aktentaschen. Für eine Weile schien er so zufrieden und sah Barbara beim Lesen zu.

Es war immer eine Distanz geblieben. Etwas Unerklärliches. Gerhard spürte Angst. Angst, wenn er Barbara nachts ruhig neben sich atmen hörte. Angst, wenn sie durchs Haus wuselte. Barbara lachte kaum. Wenn, dann machte sie sich lustig. »Barbara der Barbar«, hatte er gesagt, und sie hatte das aufgegriffen und von sich selbst als Barbar gesprochen. Und darüber gelacht.

Zu den üblichen Sticheleien würden jetzt noch die Sticheleien über Ella und ihn kommen. Aber Ella würde darüber hinwegkommen.

Das letzte Frühjahr war ein besonders ruhiger, besonders idyllischer Frühling gewesen, ein Frühling, der schon im April in einen lähmenden Sommer übergangenen war. Alles war so passiert, eins nach dem anderen. Barbara hatte nichts gemerkt, ihr war nichts aufgefallen. Aber er hatte sich plötzlich viel lebendiger gefühlt. Hatte Lust gehabt, etwas zu verändern. Es hätte endlos so weitergehen können.

Warum hatte er den Vertrag in seiner Tasche gelassen, warum hatte er ihn überhaupt mit nach Hause genommen? Er war sich nicht sicher, ob es eine Unachtsamkeit war. Ella gehörte zum Freundeskreis. Sie unterrichtete Biologie. Sie kannten sich schon seit 13 Jahren.

Sie mochte ihn, schon lange. Ella war anders, nicht schön, nicht im eigentlichen Sinne. Das wusste sie auch. Ella war diese Art unscheinbare Person, der man nichts zutraute, die aber trotzdem oder gerade deshalb wunderbar durchs Leben kam.

Das mit der Wohnung war seine Idee gewesen. Es war einer jener Nachmittage im Dämmerlicht, hinter den zugezogenen, gelbgeblümten Gardinen in Ellas Bett, einer dieser Nachmittage voller Enthusiasmus. Er konnte sich noch genau an Ellas Augen erinnern, an das Strahlen.

Die Vögel waren so laut gewesen, statt zu lesen, hatte Barbara ein Kreuzworträtsel begonnen, obwohl sie Kreuzworträtsel »stupide« fand. Sie war nicht weit gekommen, beim dritten Wort, der Kugelschreiber hatte AGA geschrieben, und dann ausgesetzt. Das M war eingedrückt in die Zeitung. Barbara war aufgestanden und nach drinnen gegangen, zielstrebig auf Gerhards Aktentasche zu und hatte die Bleistifte gesucht, die dort immer gesteckt hatten. Aber mit der neuen Aktentasche, die Barbara so schön fand, hatte Gerhard die Angewohnheit aufgegeben, Bleistifte mitzunehmen, und schon viel früher hatte er keine kleinen Zeichnungen mehr zwischendurch gemacht. Barbara hatte auf der Suche nach dem Etui seine Tasche durchwühlt und dabei den Mietvertrag gefunden. Ein Mietvertrag, in dem sein Name stand und der von Ella. Unterschrieben. Gerhard hatte den Vertrag schon drei Wochen mit sich herumgetragen, weil er nicht gewusst hatte, wohin damit.

Dann war alles sehr schnell gegangen. So wie auch dieses Glück, doch, so wollte er es bezeichnen, sehr schnell gegangen war. Elf Wochen war er ein- bis zweimal in der Woche zu Ella geradelt. Mittags, nachmittags, auch mal frühmorgens, je nachdem, wie es sich anbot und wie ihre Stundenpläne es zuließen. Heiße Junimittage. Schweiß und selbstgemachtes Erdbeereis, das auf die zerknüllten Laken und zwei etwas aus der Form geratene Körper tropfte.

Das Wetter hatte umgeschlagen. Die Hitze war vorbei. Der Sommer hatte nicht viel zu bieten. Es war zu Ende. Ella hatte nach vorn geknickt auf dem Sofa gesessen, auf dem Sofa in Barbaras Wohnzimmer, eine Konferenz im Freundeskreis, ein Tribunal für ihn und Ella. Ich will doch auch nicht mehr als ein kleines Stück vom Glück, hatte Ella geschluchzt. Barbara, die aus der Haut gefahren war, mit einschneidender Stimme hatte sie gesagt: Ja, liebe Ella, aber nicht mein Glück. Das war seltsamerweise der Punkt gewesen, in all den anstrengenden Wochen, in den endlosen Diskussionen, an dem er sich wohlgefühlt hatte. Es schien ihm nach Jahren das erste Mal gewesen zu sein, dass Barbara sagte, dass sie mit ihm glücklich war.

Er hatte Ella die Hälfte der drei Monatsmieten und die Provision überwiesen, das hatten sie von ihm erwartetet. Er wusste, dass es genau das war, was Barbara und Christian und wahrscheinlich inzwischen auch Ella ihm vorwarfen, dass er das machte, was alle von ihm erwarteten.

Barbara war eine Fremde, so, wie er sie jetzt betrachtete, durch die Fensterscheibe, wie sie draußen im Korbstuhl saß, so kamen ihm die letzen 30 Jahre auch vor: Barbara hinter einer Scheibe. Oder vielleicht war es umgekehrt. In Barbaras Schoß sammelten sich die Blütenblätter des Apfelbaums. Gleich wird sie sie wegwischen. Gleich wird sie hereinkommen und so tun, als wäre nichts gewesen.

Geschichte des 7. August

»Ich bin Austin. Austin Bebin.« Der Dolmetscher, ein großgewachsener, schlanker Mann, fuhr einen kleinen, silbernen Ford. Er lachte viel, erklärte die Gegend und hatte überall, wie es schien, schon mal gewohnt oder zumindest nahe Verwandte. Katrin erkannte die Gegend nicht wieder. Alles sah anders aus. Es gab viele neue Häuser. Auch die Straßen waren neu gemacht. Katrin kam es vor, als würden sie gemeinsam in die Sommerfrische fahren. Einen kurzen Moment fand sie Gefallen an dem Gedanken. Gefallen an dem Gedanken, wegzufahren. Das, was sie sich vorgenommen hatte, einfach zu lassen. Elf Jahre waren lang. »Nicht so schnell, bitte«, sagte Katrin. »Haben Sie Angst? Brauchen Sie nicht.« Austin lachte. Katrin hielt ihren Kopf etwas in den Fahrtwind. »A delicate issue«, sagte Austin und zwinkerte ihr zu. Sonst sprach Austin deutsch. Nur »a delicate issue« hatte es ihm angetan. »It's different«, sagte sie nur. Katrin fühlte sich bei Austin geborgen. Vielleicht, weil er sie durch die Landschaft fuhr, als würden sie das jeden Tag so machen. Vielleicht machte er das jeden Tag.

Der Regen ging in Graupel über, hinter den Fassaden der Hochhäuser zuckten die ersten Blitze. Endlose Reihen von Zahlen liefen die Excel-Tabellen hinab. Zahlen mit und ohne Eurozeichen. Rot und Schwarz und Grün. Und in blauen Großbuchstaben stand daneben: Optimieren. Auf dem Fensterbrett sammelten sich kleine Hagelkörner. Das oberste Blatt, das auf einem ordentlichen Stapel auf dem Schreibtisch lag, zeigte das Datum: 7. August. Dasselbe Datum stand auf dem Blatt, das 15 Minuten später aus dem Drucker kam. Sie kündigte ihren Job, fristgerecht. Mit jedem Tag, den das Ende ihrer Arbeit näherkam, wurde sie ruhiger. An einem Tag Anfang November räumte sie gegen 13 Uhr ihre letzten Sachen aus dem Schreibtisch und nach einem kleinen Umtrunk verließ sie das Gebäude, setzte sich in die Straßenbahn und fuhr nach Hause. Bevor sie in ihre Straße einbog, betrat sie ein Reisebüro.

Katrin setzte sich in einen der Sessel und hörte der jungen Frau mit den toupierten Haaren zu. »Manchmal muss man einfach nur weg«, sagte die blonde Frau und breitete drei Kataloge vor ihr aus. Katrin nickte. Hinter der mit Bikinihöschen behängten Schaufensterscheibe peitschten die Autos durch den Novemberregen. Katrin hatte ihre Beine überschlagen und saß ruhig, leicht nach vorn gebeugt, und blätterte durch die Kataloge, nur ihr linker Fuß flatterte unruhig wie ein verirrter Vogel. Die Angestellte schien Katrins Unschlüssigkeit zu spüren, obwohl sie Katrins Fuß hinter dem Schreibtisch gar nicht sehen konnte. »Wir gehen einfach Schritt für

Schritt vor.« Als Katrin das Reisebüro verließ, hatte sie ein Flugticket für den nächsten Tag in der Tasche.

Es war eine Schnapsidee. Katrin trat aus dem Flughafengebäude. Die Hitze war wie eine Wand. Sie drehte sich zurück zur Eingangshalle. »Taxi, Taxi«, ein Mann in einer klapprigen, schwarzen Limousine winkte zu ihr herüber. Im Taxi roch es nach Benzin, Tabak und fremdem Schweiß. Sie kurbelte das Fenster hinunter. Das Taxi hielt vor einer hohen, weißen Mauer. Die Botschaft war in einer gepflegten Villa untergebracht. Die Klimaanlage surrte leise. Der Beamte zog seine Stirn nach oben. »Sind sie sicher, dass Sie das wollen?« Er atmete tief ein und aus. »Gut, vielleicht nehmen Sie einen der Dolmetscher mit, bezahlen müssen Sie das aber selbst.«

Sie konnte nicht schlafen. Jedes Jahr, schon Tage vorher. Manchmal schon wochenlang davor und manchmal auch danach. Sie aß kaum etwas, war öfter abwesend. In einem Jahr, es war das neunte, hatte sie das Datum tatsächlich vergessen. Den 7. August vergessen. Zwei Tage später, jemand hatte gefragt, wie es ihr ginge, da war es ihr wieder eingefallen. Wie hatte sie das vergessen können? Schweiß hatte sich in ihren Achselhöhlen gesammelt. Danach war sie krank geworden, mitten im August. »Sommergrippe«, sagten ihre Kollegen und drückten ihr aufrichtiges Bedauern aus. Katrin war eine geschätzte Kollegin. In diesem Jahr hatte es geregnet.

»Weltuntergang«, hatte eine Kollegin gesagt und gelacht.

Hatte es an der Wohnung gelegen? Vielleicht hätten sie nicht zusammenziehen sollen. Das war so eine Hilflosigkeit gewesen. Sie hatten gehofft, dass sich dadurch alles wieder einrenken würde. Dass sie sich wieder näherkommen. Vielleicht lag es an den Geräuschen in der Wohnung. Bei offenem Fenster hörte man den Spielplatz des Kindergartens. Bei geschlossenem Fenster hörte sie die Kinder kaum. Aber Katrin wusste, dass sie da waren. Manchmal, wenn sie nichts hörte, konzentrierte sie sich und dann, dann waren die Stimmen wieder da. Lars war ausgezogen. Er hatte es an einem unscheinbaren Mittwoch verkündet. »Ich ziehe aus.« An einem Tag, der sich durch nichts von den vorangegangenen unterschieden hatte. Katrin erinnerte sich nicht an das Datum. Sie hatte sich zum Fenster gedreht und nicht geantwortet. Lars konnte ihr nicht helfen. Das hatte Lars auch gesagt, ich kann dir nicht helfen.

Der 7. August war ein außergewöhnlich warmer Tag gewesen. Sonnig. Blauer Himmel. Weit und breit kein Auto, weit und breit kein Mensch. Das Land war flach und weit einsehbar. Es war ihr zweiter gemeinsamer Urlaub. Sie fuhren durch dieses fremde Land, sie sahen diese fremden Menschen. Sie hatten sich für drei Tage einen Mietwagen genommen. Sie wollten das Land allein erkunden. Näher ran. Südlich des Äquators war

Winter, aber es war warm, vielleicht sogar 20 Grad. Sie hatten die Jacken ausgezogen. Katrin steuerte den Wagen. In den Dörfern lachten und winkten die Kinder. Katrin lachte und winkte zurück. Lars machte sich darüber lustig.

Im ersten Jahr hatte sie viel geweint. Es war nicht ihre Schuld. Es war nicht ihre Schuld. Es war nicht ihre Schuld. Sie sagten beide diesen Satz wie ein Mantra. Am Anfang flüsterten sie. Später wurde der Satz lauter und ungeduldiger. Am Schluss hatten sie ihn geschrien. Erst Lars, dann später Katrin. Im zweiten Jahr begann sie Geld zu überweisen, an UNICEF. Regelmäßig, 30 Euro im Monat. Für eine Weile hatte ihr das ein Gefühl von Ruhe gegeben.

Die Straßen waren staubig und trocken gewesen, alle, die sie trafen, sagten, es würde bald regnen, aber es regnete nicht. Es war ihr Urlaub, die Sonne schien. Sie kauften gekühlte Cola und Katrin fotografierte, exotische Bäume, Märkte, Lars, dunkelhäutige Menschen, umzäunte Villen und streunende Hunde. Sie waren im Niemandsland. Sie küssten sich. Nach dem 7. August küssten sie sich kaum noch.

Der Jeep war groß und schwer zu lenken. Parallel zur Straße verlief eine Bahnlinie. Ein Güterzug donnerte durch die untergehende Sonne. Katrin sah nach links auf den fahrenden Zug. Sie fuhren parallel. Zwischen den einzelnen Waggons blitzte die Sonne hindurch.

Faszinierend. Der Zug erschien dadurch fast schwarz. Es war nur ein kleiner Hügel gewesen. Hinter einer Senke. Katrin hatte den Zug aus den Augen verloren. Vielleicht, wenn der Zug nicht gewesen wäre. Wenn die Sonne nicht geschienen hätte, wenn es geregnet hätte, so wie alle es vorausgesagt hatten.

Im dritten Jahr wurde sie trotzig. Sie wollte Spaß und gute Laune. Sie ließ keine Party aus, sie tanzte, schwitzte, lachte. Kippte Alkohol in sich hinein. Sie wollte einfach nur vergessen. Sie lachte oft etwas zu laut, sie wollte die Gedanken abtöten. Zuerst hatte Lars gedacht, dass sie es jetzt hinter sich hatten. Endlich wieder Spaß. Manchmal wunderte sie sich, dass Lars noch da war. Auf manchen Partys dachte sie, wenn sie jetzt losschreien würde. Einfach schreien und alles kurz und klein schlagen. »Trink nicht so viel«, sagte Lars. Aber ihr war egal gewesen, was Lars sagte. Als er begann, sie vorzeitig, also vor dem Break-even, von den Partys nach Hause zu bringen und später auch noch ablehnte, sie weiter dorthin zu begleiten, brachte sie den Alkohol und die Partys einfach mit nach Hause.

Austin bremste. Aus diesem Haus war die Frau gekommen. Jetzt lag das Haus still in der Morgensonne. Katrin verspürte denselben Impuls wie damals, weg, einfach nur weg. Aber Austin sprang aus dem Wagen. Langsam öffnete sie die Tür. Jetzt stand sie vor dem Haus, neben einer Ansammlung von brauchbaren und unbrauchbaren Dingen. Es gab keine Klingel, Austin klopfte an der Tür. Katrin ertappte sich bei dem Gedanken, dass niemand zuhause sein möge, dass sie einfach mit Austin wieder zurückfahren könnte. Sie konnte dann immerhin sagen, sie hatte es versucht. Die Tür öffnete sich. Katrin erkannte sie nicht sofort. Sie sah anders aus als in ihren Träumen, dicker, und herrischer. Fast sogar bösartig. Noch konnte sie zurückfahren. Austin sah sie an. Katrins Stimme zitterte leicht. »Ich wollte mich bei Ihnen entschuldigen. Es tut mir leid.« Austin übersetzte.

Nach dem 7. August regnete es. So wie alle es gesagt hatten. Die fünf Tage bis zum Abflug hatte es ununterbrochen geregnet. Katrin hatte das Hotelzimmer kaum verlassen. Lars war alleine losgezogen. Kaufte Souvenirs, unterhielt sich mit Einheimischen. Am Anfang erzählte er, was er erlebt hatte, für wie viel oder besser wie wenig Geld er die dunkelbraune Holzplastik erstanden hatte, für seine Eltern. Das Hotelzimmer war dunkel, die Wände waren angefressen gewesen, fleckig. In der Ecke neben dem Waschbecken blühte die weiße Farbe in gelbbraunen Bläschen. Katrin hörte den Regen gegen das Wellblechdach klopfen und die Autos, die unten auf der belebten Straße vorbeirauschten. Katrin sagte: »Wir sollten noch mal da hinfahren.« – »Bist du verrückt?«, sagte Lars. »Bist du verrückt?«

Sie hatte die Filme nicht entwickelt. Es gab keine Fotos. Sie sprachen wenig von ihrem Urlaub, nur Lars erzählte manchmal von Antilopen, Elefanten und Hyänen, die sie im Nationalpark gesehen hatten. Katrin erzählte nichts, niemandem. Die Meisten dachten, Katrin und Lars hätten sich im Urlaub gestritten. Das kommt vor.

Sie hatte gebüßt. Weiß Gott, sie hatte gebüßt. Irgendwann musste Schluss sein, sie hatte eine größere Summe, die Hälfte ihres angesparten Geldes, 4376 Euro, an die Hilfsorganisation überwiesen und kündigte den Dauerauftrag. Die Träume blieben. In unregelmäßigen Abständen. Gehäuft um den 7. August. Was soll ich denn noch tun? Er würde sie nie verstehen.

Wie aus dem Nichts waren sie aufgetaucht. Direkt vor ihnen auf der Straße. Eine Horde spielender Kinder. Ein kleiner Junge auf einem zu großen Fahrrad in der Mitte der Fahrbahn. Katrin konnte nicht ausweichen, da waren die anderen Kinder. Katrin bremste bis zum Anschlag. Der Jeep rutschte über die staubige Straße. Der Junge blickte sie an. Das alles war in Bruchteilen einer Sekunde passiert, aber es fühlte sich an wie in Zeitlupe. Der Aufprall, das Geräusch des Fahrrads an der Stoßstange. Der Junge war durch die Luft geflogen. Der Wagen stand. Katrin war ausgestiegen, wollte zu dem Jungen. Aber plötzlich war eine schreiende, kreischende Menge, Kinder und Erwachsene, wo waren die auf einmal hergekommen, auf sie zugelaufen.

»Fahr! Los! Die bringen uns um!«, hatte Lars gebrüllt. Katrin war ins Auto gesprungen und hatte einfach aufs Gaspedal getreten. Die Räder hatten für einen Moment durchgedreht, bevor sie den Griff fanden. Sie hatte wirklich Angst gehabt. Angst um ihr Leben.

»Glaubst du, dass er noch lebt?« – »Ja bestimmt. Sie kümmern sich.« Sie wussten beide, dass das nicht stimmte. Selbst, wenn er noch gelebt hätte, hätte ihn niemand so schnell in ein Krankenhaus bringen können. Sie hätten das tun müssen. Jetzt war es zu spät. Wahrscheinlich war er sowieso sofort tot gewesen. Er hatte zumindest so ausgesehen. So verrenkt. Das Blut, das aus seinen Ohren lief und aus seinem Mund.

Sie hatte sogar gebeichtet, sie war dafür extra in eine katholische Kirche gegangen. Nur dafür. Es hatte ihr gutgetan, darüber zu reden. Der Priester hatte ihr vergeben. Sie hatte eine überdimensionierte Kerze angezündet. Die Bilder vom Unfall blieben. Die dünnen Ärmchen. Und die Schreie. Die Schreie der Kinder. Das Bremsen der Reifen auf dem staubigen Grund, das Rutschen. Der dumpfe Aufprall. Manchmal änderte sich die Reihenfolge in ihren Träumen. Erst der Aufprall, dann lachende Kinder. Manchmal blockierte die Bremse. Oder der Junge fuhr auf dem Fahrrad neben dem Zug her. Manchmal schrie Katrin: »Anhalten!« und wachte schweißgebadet auf. Der Traum gehörte zu ihr, er war nichts Besonderes mehr. Sie hatte sich mit diesen Träumen abgefunden. Wie mit einer fortschreitenden Krankheit.

Die dicke Frau sah Katrin misstrauisch an. Sie hatte die blonde Frau schon von Weitem gesehen. Es dauerte lange, dann schien die Frau zu begreifen. Die Frau schrie, mehrmals und langanhaltend. Austin zuckte zusammen. Dann wurde die Frau ruhig. Sie sagte etwas sehr leise. »Wir sollen gehen«, sagte Austin.

In der kommenden Nacht träumte Katrin, sie wäre die dicke Frau. Sie sah ein Kind über die Straße fliegen. Es flog auf sie zu mit großen paddelnden Bewegungen. Die dicke Frau rief: »Hier bin ich, hier!« Ihr Kind flog über der Straße. Die dicke Frau hob vom Boden ab, sie machte ebenfalls diese paddelnden Bewegungen, sie kam sich plump vor. Aber sie kam voran. Sie flog auf den Jungen zu. Sie wollte ihn in ihre Arme nehmen, statt dessen fasste sie ihm ins Haar. »Das muss mal geschnitten werden.« Dann hatte sich Katrin in einem Schulgebäude wiedergefunden, einem großen, dunklen Gebäude, und sie hatte jemandem, jemandem, den sie nicht sehen konnte, Rede und Antwort stehen müssen. Katrin hatte alles abgestritten. »Das bin ich nicht«, hatte sie gesagt. »Ich bin eine andere.« Dann war sie aufgewacht.

Sie hatte Austin gebeten gehabt, noch einmal hineinzugehen und zu fragen, wie der Junge hieß. Als Austin herauskam, schüttelte er den Kopf. Auf der Rückfahrt war Austin wortkarg gewesen, hatte die Straße fixiert. Immer, wenn er sich ertappte, dass er das Gaspedal durchdrückte, aus Gewohnheit oder vielleicht, um schneller von hier wegzukommen, bremste er etwas zu stark. Katrin fiel dann ein bisschen nach vorn, ohne ihn dabei anzusehen.

Sie verabschiedeten sich förmlich. In nächster Zeit würde Austin die »delicate issues« anders betrachten. Aber das würde sich verlieren. Mit der Zeit. Beim Abschied sagte Katrin: »Sie wohnen in einem schönen Land.«

Hohe Tatra 1981

Die Frau, der Mann, das Kind und das andere Kind machen Urlaub. Urlaub im Gebirge. Der Mann trägt einen braunen Stoffbeutel. Das Kind trägt sich. Das andere Kind trägt einen gelben Rucksack. Die Frau japst nach Luft. Die Frau japst schon seit Tagen nach Luft. Sie hängt hinterher. Auch seit Tagen. Sie will das Panorama genießen und die Luft und die Pflanzen am Wegrand, aber meistens japst sie nur. Der Mann schreitet aus. Die Frau hat kurze Beine. In den Kindern steckt Ungeduld. Irgendetwas fehlt immer. Manchmal ist es Geld. Die Frau will nicht mehr hinterherhängen, die Kinder wollen auf den Gipfel und der Mann will seine Ruhe. Auf halber Höhe gibt es einen Kompromiss, also, eine Gabelung. Die Frau soll allein, geradeaus, keine Steigungen gehen, die Kinder und der Mann rauf auf den Berg. Der Berg heißt Rysy, deutsch Meeraugspitze. An der Baude, da sind sie vorbeigekommen, wird man sich treffen. Später.

Die Wege laufen verschieden aus. Das andere Kind wird jetzt schneller und noch ungeduldiger. Das Kind dagegen wird langsamer, hält dagegen, hält etwas dagegen, das Will-Nicht. Der Mann schaut auf seine Füße.

Er setzt einen Gedanken vor den anderen. Sichtweite. Die Frau bleibt erstmal stehen. Die Frau genießt. Endlich. Endlich Höhenluft. Genießt das Allein. Das Quengeln und Nörgeln liegt hinter ihr. Das versucht sich an den Felsen.

Eine Weile geht das gut. Der Mann und die Kinder kraxeln. Die Frau spaziert und schaut. Sie hat Zeit, endlich hat sie Zeit. Der Mann hat ihr auf der Karte ein Ziel markiert. Bis zu diesem Kreuz sollte sie kommen. Bis zu den Seen. Bis dahin will sie kommen. Der Himmel ist blau. Die Sonne scheint, scheint, ohne sich Gedanken zu machen, sie scheint gleichverteilt auf die Dreiergruppe und die Frau und noch auf andere.

Etwas später gibt es auf dem Hang gegenüber einen Abgang. Eine Geröllawine. Erst hört man den Lärm, dann sieht man den Staub. Sichtbar vom Aufstieg und vom flachen Spaziergängerweg. Ist aber weit weg. Es wird innegehalten. Man möchte dort nicht gewesen sein, ist man ja auch zum Glück nicht. Es gibt ausgeschilderte, sichere Wege. Mit der Sicht ist es für eine Weile vorbei. Der Spazierweg entpuppt sich als nicht einfach, es gibt Steine und Windungen. Irgendwie ist es immer weiter als gedacht. Aber die Frau hat Zeit, endlich Zeit. Endlich Urlaub. Sie setzt sich und beobachtet das Flirren der Luft. Sie könnte schneller gehen, aber endlich darf sie bummeln. Endlich, endlich.

Auch bei den Bergbesteigern ist es weiter als gedacht. Zumindest für das Kind. Und höher. Das andere Kind hat jetzt schon Abstand. Hat Ehrgeiz, will oben sein.

Diesen Gipfel erklimmen. Das Kind und das andere Kind ziehen in verschiedene Richtungen, langsam gegen schnell. Die Kinder sind die Kinder ihrer Eltern. Das Kind könnte auf den Gipfel, aber es will nicht mehr. Das Kind beginnt, hinab zu wollen. Das andere umso mehr hinauf. So ist das. So ist das immer. Die Krüppelkiefern haben aufgehört zu wachsen, jetzt gibt es nur noch blanke graue Steine. Und Aufsteiger und Absteiger. Es gibt auch glückliche Familien. Sagt man. Aber dafür interessieren sich die drei nicht, sie haben damit zu tun, einen Fuß vor den anderen zu setzen. Der Mann ist inzwischen etwas angeschlagen. Nachher werden ihm die Knie weh tun, die tun immer weh beim Abstieg. Also ist es besser, nicht so weit hinauf. Jetzt sieht man den Gipfel. Vielleicht 100 Höhenmeter. Zu weit, sagt das Kind und setzt sich. Das andere Kind kommt unruhig zurückgehüpft, ganz nah, sagt es, ganz nah. Der Mann denkt an seine Knie. Sie essen den letzten Apfel und das letzte Viertel Stulle. Das Kind könnte noch mehr essen. Die Milch ist alle. Alle drei schauen nach dem Gipfel. Das andere Kind will, will, will. Das Kind gibt Müdigkeit vor. Der Mann überlegt – er könnte ein Kind dalassen und nach oben, aber man kann ja kein Kind. Jemand fehlt. Das Kind behauptet Schmerzen in den Beinen. Das wird anerkannt. Schmerzen, das ist etwas, das kennt der Mann. Es wird vereinbart, noch bis zum nächsten Vorsprung zu gehen. Bis der Weg eine neue Biegung macht. Schon wieder ein Kompromiss.

Die Frau hat die Seen noch nicht erreicht. Sie muss dorthin, das ist in der Karte vermerkt. Es ist weit. Aber sie hat ja Zeit. Die Nachmittagssonne ist angenehm. Die Entgegenkommenden grüßen. Sie grüßt freundlich zurück. Sie lächelt.

Das Kind zeigt nach unten. Der Vorsprung ist erreicht. Das andere Kind ärgert sich. Sie werden sich nicht eintragen ins Gipfelbuch. Sie sind nicht ganz oben gewesen. Es gibt ja auch kein Gipfelbuch. Aber später, wenn man berühmt sein sollte, so wie Marie Curie oder Lenin, die waren oben, auf dem Rysy, wird man nicht überliefert sein, zumindest nicht hier. Hier hat man sich nicht eingeschrieben.

Es wird umgekehrt. Richtungswechsel. Das Kind hat einen Sieg errungen. Es hüpft beschwingt voran bergab. Die Müdigkeit ist verflogen. Der Mann merkt seine Schmerzen in den Knien. Wegen ihm könnte es nur bergauf gehen. Das Kind grinst. Das andere Kind mault. So kurz vorm Ziel, das sei nicht, vor allem nicht gerecht. Das Kind kriegt einen Stoß. Der kommt als Schrei zurück, vorsorglich, und bleibt in großen Ohren kleben. Unangenehm. Ruhe jetzt! Der Mann, das Kind und das andere Kind laufen, stumm, verstimmt.

Die Frau erreicht den ersten See. Das ist mal ein Tag. Sie setzt sich. Sie hat es geschafft. Das Wasser ist kalt. Klar und kalt. Sie trinkt. Trinkt aus der hohlen Hand. Ohne Weiteres kann man das. Die anderen beiden Seen will sie nun auch. Drei Bergseen. Aller guten Dinge sind. Voran, voran. Ihre Füße sind etwas abgelaufen, aber das stört jetzt nicht. Jetzt zählt das Jetzt. Und sie will einmal stolz sein auf sich. Einmal alles richtig machen. Das ist doch auch gar nicht. Es macht vor allem Spaß. Sie betrachtet ein blühendes Moos. Die Köpfchen nicken. Sie streicht darüber, es ist weich. Hier ist es ruhig.

Die Kinder sehen schon die Baude unterhalb der Wegeschlange. Es geht bald nach Haus. Bis zur Baude gibt es eine Straße, für Versorgungsfahrzeuge. Die Kinder haben ihr Gegeneinander vergessen, sie haben ein gemeinsames Ziel. Sie malen sich aus, was sie essen werden, in der Baude. Vielleicht Rührei. Der Mann spürt seine Knie. Vielleicht wird er alt. Die Kinder sind davongelaufen.

Die Frau streckt ihre Füße in das kalte Wasser. Das tut gut. Die Steine sind kalt. Sie lässt die Füße an der Luft trocknen. Über den See weht ein leichter Wind. Die Frau fröstelt. Sie schlüpft in ihre Schuhe. Sie seufzt, steht auf. Vor ihr liegt der Rückweg. Sie freut sich auf ihre Kinder, sie freut sich auf ihren Mann, sie freut sich, berichten zu können. Endlich einmal.

Das Restaurant hat zu oder es hatte nie offen. Die Kinder sind enttäuscht. Der Mann ist auch enttäuscht. Wozu hat diese Baude einen Versorgungsweg? Sie trinken das letzte Gebirgswasser aus der Plastikflasche. Aber das Kind besteht auf seinem Hunger. Es gibt einen Kiosk. An dem Kiosk gibt es Kekse. Kekse, die es an allen Kiosken hier gibt. Das Kind will aber keinen Keks, das Kind hat Hunger. Das Kind hat andauernd Hunger, das Kind wächst. Das Kind nörgelt, es hatte heute schon einmal Glück mit dieser Strategie. Dranbleiben, durchziehen. Die Strategie prallt erstmal ab.

Das Kind fängt an zu zittern, es hat wirklich Hunger. Jetzt ist es ernst. Essen gibt es am Fuße des Berges, dort wo das Auto parkt. Der blaue Lada. Aber sie müssen hier warten. Warten auf die Frau. Das Kind hält Ausschau. Das andere Kind hält auch Ausschau. Der Mann schaut mürrisch. Die Frau kann man nicht allein. Das Kind jammert, es will nach unten, es will essen. Es will nicht mehr warten. Es will jetzt los.

Die Frau erreicht eben die Wegkreuzung. Hier haben sie sich getrennt. Sie blickt auf den Berg. Es kommen andere Kinder und andere Männer, auch Frauen. Sie fragt sich, ob ihre Kinder und ihr Mann schon auf dem Abstieg sind. Ob sie schon vorbei sind. Am liebsten würde sie hier warten. Auf ihren Mann, auf ihre Kinder. In der Tasche hat sie ein blühendes Moos, gepresst zwischen die Blätter ihres Ausweises. Das wird sie zuhause aufkleben. Sie schaut auf die Sonne. Die Sonne bewegt sich auf die Felsen zu. Wie spät mag es sein? Die Frau hat keine Uhr. Sie fragt einen freundlichen, älteren Herrn. So spät schon. Die Frau legt einen Schritt zu.

Die Zeiger auf der Uhr sind um eine Stunde weitergerückt. Der Mann, das Kind und das andere Kind sind unzufrieden. Es ist jetzt halb sechs. Immer muss man. Das Warten wird unerträglich. Das Zittern wird zum Stumpfsinn. Das Kind fragt alle paar Minuten. Gehen wir jetzt? Das Kind weiß, dass sie nicht gehen können, es fragt trotzdem. Das andere Kind fragt auch. Die Kinder beschweren sich über ihre Mutter, so haben sie es gelernt. Nie macht sie etwas richtig. Der Mann schaut auf die Uhr. Er hat die Schnauze voll. Zeichen setzen. Es passt ihm nicht. Nichts passt ihm. Er sagt, wir gehen. Das Kind schaut ungläubig. Der Mann sagt ein zweites Mal, wir gehen. Er nimmt seinen Stoffbeutel. Das andere Kind nimmt den gelben Rucksack, der jetzt leichter ist. Das Kind nimmt nichts. Der Zug setzt sich in Bewegung. Der Mann geht vorn. Das Kind trottet zum Schluss. Das andere Kind läuft in der Mitte. Sie drehen sich im Wechsel um, sie suchen den Weg ab. Dort müsste sie kommen. Das Kind bindet sich die Schuhe. Vielleicht reicht das. Das Kind hängt zurück. Der Mann schaut als Erster nicht mehr zurück. Das andere Kind lässt den Kopf hängen, auf die Entfernung kann man niemanden mehr erkennen. Auch würden sie wohl nicht zurückgehen. Das Kind dreht sich noch lange um, auch als der Wald schon jeden Blick versperrt. Das Kind gibt die Hoffnung nicht auf. Die Kiefern drücken dunkel auf den Weg. Auf den muss man achten, es gibt Wurzeln. Wurzeln, die herausragen. An den Hunger denkt das Kind nun nicht mehr.

Die Frau erreicht die Baude. Auf den Bänken sitzen Wanderer. Die letzte Pause vor der letzten Bergab-Etappe. Die Frau schaut sich um. Keine Kinder, kein Mann, die Frau ist erleichtert. Einmal ist sie die Erste. Die Sonne ist hinter den Bergen verschwunden. Der See an der Baude liegt grau. Aber das stört nicht. Sie ist die

Erste. Bald werden die Kinder kommen. Sie schließt die Augen. Sie hat Zeit. Sie hat Urlaub.

Das Kind bummelt auf dem Weg, es ist müde, es hat Hunger. Der gelbe Rucksack leuchtet weiter vorn. Das Kind trottet langsam. Das Kind scheint irgendwo weiter oben angebunden. Das Kind trägt schwer. Der Mann spürt seine Knie. Es ist nicht mehr weit bis zum Ort, bis zum Auto. Die Frau liegt hinter ihm. Jetzt kommt der Parkplatz in Sicht. Noch einmal schaut das Kind sich um. Schaut ungläubig. Der Mann öffnet die Wagentür. Im Wagen ist es warm. Er hat den ganzen Tag in der Sonne gestanden. Das Kind hat seinen Platz, hinten rechts. Davor sitzt sonst die Frau. Dieser Platz bleibt leer. Das andere Kind sitzt hinten links. Der Mann startet. Der blaue Lada schlängelt sich die Serpentinen hinab. Lada ist russisch. Lada heißt »die Geliebte«.

Der Platz um die Baude leert sich. Die Frau wartet, sie schaut sich unruhig um. Immer weniger Menschen kommen vom Berg herunter. Der Kiosk schließt jetzt. Der Kioskbesitzer setzt Holzbretter vor die Fenster und schließt mit einem Schloss ab. Der Tag ist erledigt. Die Frau fasst sich ein Herz. Sie fragt, nach zwei Kindern und einem Mann. Der Mann zieht die Brauen hoch. Er schüttelt den Kopf. Kein Deutsch.

Die Frau sitzt auf der Bank, der Berg liegt im Schatten. Dort sind ihre Kinder und ihr Mann. Sie wird hier nicht weggehen, bis sie wieder da sind. Sie kommen bestimmt. Sie wird hier ausharren. Vielleicht ist eines der Kinder verletzt. Sie überlegt, den Berg hinaufzulaufen. Sie fragt die allerletzten Wanderer. Nein, da oben ist keiner mehr. Sicher? Sicher. Ein kalter Hauch greift ihr in den Nacken. Nachts wird es kalt im Gebirge. Die Strickjacke wärmt nicht. Die Baude hat Fenster. Von dort sieht man die Frau. Die Frau, die auf der Bank sitzt, aufsteht, Leute fragt. Die Frau, die auf den Berg schaut. Die Frau kommt auf die Baude zu. Hier ist Licht. Hier gibt es eine Sanitätsstation. Die Frau klopft. Ein junger Mann erbarmt sich. Er spricht auch etwas Deutsch. »Kinder, Mann – zuhause«, sagt er. Die Frau schüttelt den Kopf, sie zeigt auf den Berg, auf die Meeraugspitze. »Mann, Kinder – dort«. Der junge Mann sieht sie mitleidig an. »Mann, Auto – zuhause«. »Auto – Parkplatz«, sagt die Frau. In ihren Augen blinken Tränen. Der junge Mann ist betreten. Er sagt »Moment«, dann verschwindet er. Die Frau sitzt in der Dunkelheit. Die Frau sitzt auf der Bank. Sie wartet hier. Plötzlich Augen. Lichtaugen. Ein Fahrzeug kommt hinter der Baude hervor. Das Versorgungsfahrzeug. Der junge Mann winkt. Er sagt etwas wie, wir schauen nach dem Auto, dem blauen Lada auf dem Parkplatz. Wenn Auto da, suchen wir auf dem Berg. Die Frau nickt und wischt ihr Taschentuch übers Gesicht. Der junge Mann sagt »80 Kronen«. Das sind 25 Mark. Die Frau nickt. Was sind 25 Mark?

Das Kind sitzt über Knödeln mit Rindfleisch, es sortiert die Kümmelkörner an den Rand. Knödel sind das Lieblingsgericht des Kindes. Eine Cola gibt es auch. Das Kind fixiert die Tür. Als könnte die Mutter dort hereinkommen. Einfach so. Aber das Kind weiß doch, das wird nicht passieren. Das andere Kind hat den Rucksack abgestellt. Der Mann bezahlt.

Das Versorgungsfahrzeug fädelt sich durch die dunklen Nadelbäume. Der junge Mann fährt schnell. Er kennt das. Er will das hinter sich bringen. Das Versorgungsfahrzeug prescht aus dem Wald. Hier ist der Parkplatz. »Hier Auto?«, fragt der junge Mann. Die Frau nickt. Der Parkplatz ist groß und leer. Sie sieht sich um. Auf dem Platz stehen drei Fahrzeuge. Sie sieht einen grauen Trabant, einen gelben Wartburg und einen Mercedes. Die Frau sagt »Lada«. Auf dem Parkplatz steht kein Lada. Der junge Mann sieht die Frau an. »Lada«, sagt er und nickt. »80 Kronen«, sagt er. Die Frau nimmt ihre Tasche, sie schaut in ihr Portemonnaie, sie sieht nichts. In ihren Augen steht Wasser. Der junge Mann schaut aus dem Fenster. Die Frau wischt sich die Augen frei. Sie sieht in ihre Geldbörse. Dort sind 20 Kronen und ein paar Kopeken. Sie stottert. Der junge Mann sieht die 20 Kronen. Er winkt mit der Hand ab. »Morgen«, sagt er, »morgen bringst du vorbei.« Die Frau nickt. »Wo du wohnen?«, fragt er. Die Frau sagt: »Tatranská Lomnica.« Der junge Mann setzt sie am Bahnhof ab.

In der Papphütte ist es eng. Es gibt nur zwei Betten. In jedes Bett kommt ein Kind und ein Erwachsener. Heute liegt das andere Kind allein. Das Kind beneidet das andere Kind. Irgendwann schläft das Kind. Eine Tür wird aufgerissen. Das Kind und das andere Kind fallen aus dem Schlaf. Die Frau will schreien, aber sie hat keine Kraft. Die Frau japst nach Luft. Sie hat ihre

Kraft vergeudet. Es sind auch keine Tränen mehr übrig. Ein älteres Ehepaar hat sie zum Campingplatz gebracht. Das ältere Ehepaar hat sie mitleidig angeschaut. Dort sind ihre letzten Tränen geblieben. Die Frau sagt: »Ich habe gewartet.« Der Mann zeigt auf das Kind. Das Kind, das Kind, das Kind. Das Kind schämt sich. »Das Kind ist ein Kind«, sagt die Frau. Der Mann dreht sich mürrisch zur Wand: »Wir haben auch gewartet, wie immer!« Er setzt ein Ausrufezeichen. »Die Kinder wollen schlafen«, sagt er. Das Kind friert. Das Kind möchte jetzt gern die Betten tauschen. Vor zwei Tagen hat der Mann das Kind geschlagen. Der blaue Lada steht neben der Hütte. Die Frau hat keinen Führerschein, sie kann nicht davonfahren. Sie bleibt. In ihrer Handtasche ist eine Wanderkarte, auf der Wanderkarte ist ein Ziel markiert. Dort wird sie nicht mehr hinkommen. Sie japst nach Luft.

Morgen wird die Frau dem jungen Mann die 80 Kronen bringen. Sie wird hinauf zur Baude laufen, über die Wurzeln. Der See wird sie nicht interessieren. Der junge Mann wird sie erstaunt ansehen. Damit hat er nicht gerechnet. Er wird betreten auf seine Schuhe schauen. Der junge Mann hätte es nun doch gern für umsonst gemacht. Über den Augenringen der Frau liegen Meeraugen. Der junge Mann war noch nie am Meer. »Mann, Kinder – zuhause?«, fragt er. Die Frau wird kaum merklich nicken. Die 80 Kronen sind ihm peinlich. Was sind schon 80 Kronen? Die Frau ist immer noch eine schöne Frau. Er wird ihr hinterherblicken, er wird den Kopf schütteln. Der Kiosk hat geöffnet. Das Restaurant hat geöffnet. Die Sonne scheint. Der Weg züngelt hinab. Die Frau sieht keine Wanderer, sie grüßt nicht zurück. Der Urlaub ist für sie zu Ende.

In fünf Wochen wird ein getrocknetes Moos aus einem Ausweis fallen. Manchmal wird das Kind sie länger ansehen.

Danksagung

Mein Dank gilt allen, die mich in meinem Schreiben unterstützt haben und unterstützen: meiner Familie, Freunden, Institutionen. Besonders danke ich der Stiftung Künstlerdorf Schöppingen und dem International Writers' and Translators' House Ventspils, die mit ihrer Unterstützung dieses Buch möglich gemacht haben. Mein herzlicher Dank gilt ebenso Tanja Raich und dem Verlag Kremayr & Scheriau.